벤자민 버튼의 흥미로운 사건

The Curious Case of Benjamin Button

벤자민 버튼의 흥미로운 사건

The Curious Case of Benjamin Button

피츠제럴드(F. Scott Fitzgerald) 지음

공지은 옮김
조상영 삽화

인간희극

벤자민 버튼의 흥미로운 사건
The Curious Case of Benjamin Button

초판 발행   2008년 2월 4일
2쇄 발행   2009년 2월 5일

지은이   피츠제럴드(F. Scott Fitzgerald)
옮긴이   공지은
삽화가   조상영
펴낸이   이송준
펴낸곳   인간희극
등   록   2005년 1월 11일 제319-2005-2호
주   소   서울특별시 동작구 사당동 1028-22
전   화   02-599-0229
팩   스   0505-599-0230
이메일   humancomedy@paran.com

출   력   경운출력
인   쇄   성신프린팅

ISBN 978-89-956371-6-6 03840

프롤로그

이 이야기는 '인생에서 최고의 순간이 시작과 함께 오고, 최악의 순간이 마지막에 온다는 것은 유감스러운 일이다.'라는 취지로 마크 트웨인이 한 말에서 영감을 받았다. 지극히 평범한 세상에서 단지 한 사람만을 상대로 그의 말을 실험해 보았으므로 내가 그의 생각을 몰바르게 시도해 보았다고는 할 수 없겠다. 이야기를 완성하고 몇 주 후에 나는 사무엘 버틀러의 "잡문집(Note-books)"*에서 거의 동일한 줄거리를 발견했다. 이 이야기는 작년 여름 콜리어지**에 실렸고 신시내티에 사는 한 익명의 팬으로 하여금 이 대경실색하는 편지를 쓰게 했다.

"작가 선생,

나는 콜리어지에서 벤자민 버튼의 이야기를 읽었소. 단편 작가로서 당신은 아주 러쩌 같은 이야기를 만들어 냈다고 말하고 싶소. 나는 이제껏 내 인생에서 많은 허황된 얘기들을 봐왔지만 그 모든 것들 중에서도 당신이 쓴 이야기가 최상급이라고 말하고 싶소. 나는 당신에게 쓰는 이 편지지조차 아깝소만 그래야만 하겠소."

---

* 풍자소설 『에레혼(Erewhon)』으로 유명한 영국 문학가 사무엘 버틀러(Samuel Butler, 1835-1902)가 어렸을 적부터 '기억할 만한 모든 것을 적어내린다'는 기치 아래 차곡차곡 모아둔 노트들을 묶은 책.

** 1888년에 창간되고 1957년에 폐간된 미국의 주간지. 루즈벨트, 처칠 등 유명 정치인들과 헤밍웨이, 마사 겔혼 등 유명 작가들이 이 잡지에 기고했다. 피츠제럴드는 『벤자민 버튼의 흥미로운 사건』을 1922년 5월, 이 잡지에 최초로 발표하였고 얼마 후 단편집 『재즈시대 이야기(Tales of the Jazz Age)』에 수록하였다.

I

1

오래전인 1860년에는 집에서 출산하는 것이 적절한 일이었다. 권위 높은 의학자들이 마취제 가득한 병원 공기 속에서 아기의 첫 울음이 터져야 한다고 판결하듯 결정을 내려왔고 그것이 유행처럼 된 것은 아마도 최근의 일이 아닌가 한다. 그래서 젊은 로저 버튼 부부가 1860년 어느 여름날 그들의 첫 아이를 병원에서 낳아야 한다고 결정했을 때, 그것은 50년이나 앞선 스타일이었다. 그 시대착오적인 일이 내가 지금부터 막 쓰려하는 놀라운 이야기와 어떠한 관련이 있는지는 누구도 알지 못할 것이다.

나는 여러분에게 무슨 일이 일어났는지를 말할 것이고 판단은 여러분 자신이 하길 바란다.

로저 버튼 부부는 남북전쟁 전의 볼티모어에서 사회적으로나 재정적으로 부러움을 살 만한 위치에 있었다. 버튼 부부는 이 가문 저 가문과 연줄이 있었고, 모든 남부 사람들이 알고 있었듯이, 그런 연줄은 그들에게 남부연합 지역에 널리 거주하고 있던 거대 귀족사회의 일원이 될 수 있는 자격을 부여해 주었다. 아기를 가진다는 이 식상하지만 황홀한 일이 첫 경험이었으므로, 버튼 씨는 당연히 긴장했다. 그는 아기가 아들이기를 바랐다. 그래서 그 아이를 코네티컷에 있는 예일 대학에 보낼 수 있기를 희망했다.* 그곳은 버튼 씨 자신이 '커프스 단추'**라는 다소 뻔한 별명으로 4년 동안 불리었던 곳이었다.

그 엄청난 일에 축복이라도 내리는 듯한 9월 어느 아침, 그는 긴장하며 여섯 시에 일어나, 옷을 입고, 흠잡을 데 없는 옷깃을 매만지고는, 간밤의 어둠이, 잉태되어 있던 새로운 삶을 세상에 내놓았는지 확인하기 위해 볼티모어의 거리들을 서둘러 통과하며 병원으로 향했다.

그가 메릴랜드 남녀 사립병원으로부터 대략 100야드 쯤 떨어져 있었을 때 가족의 주치의인 키니 박사가 병원 앞 계단을 내려오고 있는 것이 보였다. 그는 모든 의사들에게 그들 직업의 불문율처럼 요구되는 손을 씻는 동작마냥, 두 손을 마주대어 비비고 있었다.

로저 버튼 철물 도매사(社) 사장인 로저 버튼은 풍류의 시절 남부 신사라면 예상되는 근엄함은 간데없이 닥터 키니를 향해 달려가기 시작했다. "닥터 키니!" 그가 불렀다. "오, 닥터 키니!"

의사는 소리가 들리는 쪽을 쳐다봤다. 그러고는 엄하고 의사다운 얼굴에 묘한 표정을 띤 채, 버튼 씨가 가까이 다

---

*   예일대학교는 1969년부터 여학생 입학을 허가했다.
**   'Button(단추)'이라는 이름 때문에 'cuffbutton(소맷부리 단추)'이라고 붙여진 말장난 같은 별명

가오기를 기다리며 서있었다.

"어찌 되었나요?" 버튼 씨가 숨을 헐떡인 채 서둘러 층계참에 올라서며 물었다. "뭐였나요? 그녀는 어때요? 아들? 뭔가요? 무슨..."

"알아듣게 좀 말하게!" 닥터 키니는 날카롭게 말했다. 그는 다소 짜증이 난 것처럼 보였다.

"아기는 태어났나요?" 버튼 씨가 간절히 물었다.

닥터 키니는 얼굴을 찌푸렸다. "글쎄, 태어나긴 태어났지. 내 생각에는 그런대로..." 다시 한번 그는 묘한 시선을 버튼 씨에게 던졌다.

"제 아내는 괜찮은가요?"

"그럼."

"아들인가요 딸인가요?"

"이것 봐!" 닥터 키니는 완전히 짜증을 내며 큰소리로 말했다. "당신이 직접 가서 보라구. 이런 괴상한 일이!" 그는 마지막 단어를 거의 한 음절처럼 짧게 내뱉고는 돌아서서 중얼거렸다. "이런 경우가 내 직업 평판에 도움이 될 거라고 생각하나? 한 번만 이런 경우가 더 있다면 난 파멸할 거야... 그 누구라도 파멸시킬 거라고..."

"무슨 문제가 있나요?" 버튼 씨가 겁에 질려 물었다. "세쌍둥이 인가요?"

"아니, 세쌍둥이가 아니야!" 의사는 날카롭게 말했다.

"글쎄, 당신이 직접 가서 봐. 그리고 다른 의사를 구해.

젊은이, 난 당신도 내 손으로 받았어. 나는 40년 동안 당신 가족의 주치의였지. 그러나 이젠 당신들과 끝이야! 난 당신이나 당신의 어떤 친척들도 다시는 보고 싶지 않아. 잘 가게!"

그리고 나서 그는 휙 돌아섰고, 더 이상의 말없이, 연석에서 그를 기다리고 있던 4륜 쌍두마차에 올라타고는 가차 없이 사라졌다.

버튼 씨는 충격으로 멍해진 채 머리부터 발끝까지 전율

을 느끼면서 인도에 서 있었다. 무슨 끔찍한 불상사가 일어 난 것일까? 그는 갑자기 메릴랜드 남녀 사립병원으로 들어가고자 했던 모든 욕망을 잃어버렸다. 잠시 후 그가 그 자신을 강제로 계단을 오르게 하고 현관문을 들어가게 하는 데는 아주 큰 어려움이 따랐다.

한 간호사가 우중충하고 우울한 복도에 놓인 책상 뒤에 앉아있었다. 수치스러움을 삼키면서 버튼 씨는 그녀에게 다가갔다.

"좋은 아침이네요." 그녀가 쾌활한 표정으로 그를 올려다보며 말했다.

"안녕하세요...저..저는 미스터 버튼인데요."

이 말에, 극도의 공포가 그녀의 얼굴에 퍼져갔다. 그녀는 일어나, 복도를 박차고 막 날아갈 듯했으나 간신히 자신을 억누르고 있는 것처럼 보였다.

"제 아이를 보고 싶은데요." 버튼 씨가 말했다.

그 간호사는 약한 비명을 내질렀다. "오!.. 물..물론이죠!" 그녀는 히스테릭하게 큰 소리로 말했다. "위층. 바로 위층이에요. 위로 가시죠!"

그녀는 방향을 가리켰고, 버튼 씨는 식은땀으로 목욕을 한 채, 비틀거리며 돌아서서는 이층으로 올라가기 시작했다. 위층 복도에서 그는 손에 대야를 들고 그에게 다가오고 있던 다른 간호사를 불렀다. "저는 미스터 버튼인데요," 그는 간신히 또박또박 말했다. "제 아이를 보고 싶은데..."

뎅그랑! 대야가 바닥에 소리를 내며 떨어졌고 계단 방향으로 굴러갔다. 뎅그랑! 뎅그랑! 이 신사가 불러일으킨 막연한 공포를 나누기라도 하는 듯이 그것은 규칙적인 소리를 내며 굴러 떨어지기 시작했다.

"내 아이를 보고 싶단 말이오!" 버튼 씨는 거의 비명을 지르다시피 소리쳤다. 그는 쓰러지기 일보직전이었다.

뎅그랑! 대야가 일층에 다다랐다. 그 간호사는 자신을 다시 추스르고는 버튼 씨에게 경멸적인 시선을 던졌다.

"좋아요 버튼 씨." 그녀는 고요해진 목소리로 말했다.

"좋다구요! 그렇지만 그 일이 오늘 아침에 우리 모두를 어떤 상황에 처하게 했는지를 아신다면! 그건 완전히 기괴한 일이라구요! 이 이후로 우리 병원은 좋은 평판 같은 건 기대할 수도 없게 될 거라구요..."

"서둘러!" 그는 쉰 목소리로 외쳤다. "더 이상은 참을 수 없군!"

"그렇다면 이쪽으로 오시죠. 버튼 씨."

그는 그녀의 뒤를 힘겹게 따라갔다. 긴 복도의 끝에서 그들은 다양한 울음소리가 터져 나오는 한 방에 도착했는데, 이 방은 후세에 '신생아실(crying room)'*이라고 불릴 만한 곳이었다. 그들은 들어갔다. 하얀 에나멜이 칠해진 바퀴달린 요람 6개가 방 벽을 따라 가지런히 정렬되어 있었고 각

---

* 'crying room'은 '갓난아기들이 울고 있는 방'이라는 의미로 단순히 신생아실을 가리킬 수도 있지만 '좌절했을 때 들어앉아 엉엉 울 수 있으면 좋겠다고 생각되는 곳'이란 뜻도 있어서 곧 닥치게 될 로저 버튼의 상황을 암시하기도 한다.

각의 요람 머리맡에는 꼬리표가 매달려 있었다.

"자, 어느 아이가 내 아이오?" 한숨을 내쉬며 버튼 씨가 말했다.

"저기요!" 간호사가 말했다.

버튼 씨는 그녀의 가리키는 손가락을 눈으로 따라갔고 이것이 그가 본 것이었다. 분명히 대략 70세로 보이는 한 늙은 남자가 큼지막한 하얀색 담요에 둘둘 감겨져, 요람들 중 하나에 몸의 일부분만 구겨 넣어진 채로 있었다. 그의 듬성

듬성한 머리카락은 거의 백발이었고 그의 턱으로부터는 긴 잿빛 수염이 흘러내려와 있었는데 들쑥날쑥 기괴한 모양을 이루면서 창문으로부터 들어오는 미풍에 부채처럼 나부끼고 있었다. 그 노인은 곤혹스러운 질문을 숨긴 듯, 희미하고 퇴색한 눈으로 버튼 씨를 올려다보았다.

"내가 정신이 나간 건가?" 버튼 씨가 고함쳤다. 그의 두려움은 분노로 변하고 있었다. "이게 병원에서 한다는 소름 끼치는 장난 같은 거요?"

"우리한테는 장난처럼 안 보이는데요." 간호사가 단호히 대답했다. "그리고 당신이 정신이 나간 건지 아닌지는 모르겠지만, 저건 확실히 당신 자식입니다."

버튼 씨의 이마에서 식은땀이 두 배로 흘렀다. 그는 그의 눈을 감았다가 뜨고는 다시 바라보았다. 착각이 아니었다. 그가 보고 있는 것은 70세의 한 남자, 70세의 한 아기였는데, 요람의 양 모서리 너머로 발이 대롱대롱 매달려 있었다.

그 노인은 잠시 동안 차분하게 한쪽에서 다른 한쪽을 쭈욱 쳐다보고는 갑자기 갈라지고 나이든 목소리로 말했다. "당신이 나의 아버지인가요?" 그가 물었다.

버튼 씨와 간호사는 심하게 움찔했다.

"왜냐하면 만일 맞다면," 그 노인은 투덜대듯이 계속해서 말을 이었다. "저를 이곳에서 데리고 나가 줬으면 하는데요. 아니면 적어도 좀더 편한 요람을 가져다 주든지요."

"도대체 당신은 어디서 왔소? 당신은 누구요?" 버튼 씨는 극도로 흥분하여 분노를 터트렸다.

"정확히 내가 누구인지 나는 말해줄 수가 없어요." 노인은 칭얼대듯이 대답했다. "왜냐하면 나는 태어난 지 겨우 몇 시간 밖에 안 됐기 때문이에요. 그렇지만 내 성은 확실히 버튼이군요."

"거짓말! 이 협잡꾼아!"

그 노인은 기진맥진하여 간호사를 향해 몸을 돌렸다. "새로 태어난 자식을 환영해주는 아주 좋은 방법이로군요." 그가 잦아든 목소리로 불평했다. "그가 틀린 거라고 말 좀 해주지 그래요?"

"당신이 틀렸습니다." 간호사는 단호히 말했다. "이 아이는 당신 아이입니다. 그리고 당신은 그 사실을 감수해야 할 거예요. 우리는 오늘 중으로 가능한 빨리 이 아이를 집으로 데려가도록 요청할 겁니다."

"집이라구?" 버튼 씨는 회의적인 목소리로 간호사의 말을 반복했다.

"네, 우리는 여기에 그를 데리고 있을 수 없습니다. 우린 정말 그럴 수 없어요, 아시겠어요?"

"그 말을 들으니 정말 기쁘군." 노인은 푸념하듯 말했다. "여기는 말 못하는 친구나 지내기 좋은 장소야. 이 찢어지는 듯한 소리와 울부짖는 소리 때문에 난 한숨도 잘 수 없었다구. 뭔가 먹을 것 좀 줘." 이 부분에서 그의 목소리는 항의하는 듯한 격앙된 톤으로 올라갔다. "이 사람들이 나한테 우유 한 병을 줬다고 글쎄!"

버튼 씨는 그의 아들 근처에 있는 의자에 몸을 파묻고 앉아서 손으로 얼굴을 감쌌다. "세상에나!" 그는 공포심으로 웅얼거렸다. "사람들이 뭐라고 하겠어? 난 뭘 해야 하는 거지?"

"이 아이를 집으로 데려가세요. 당장!" 간호사가 고집스럽게 말했다.

괴로워하는 버튼 씨의 눈앞에 무서울 정도로 명확히, 하나의 괴기스러운 광경이 떠올랐다. 자신 옆에서 으스대며 걷고 있는 이 소름끼치는 망령과 함께 도시의 붐비는 거리를 걷는 장면이었다. "난 할 수 없어, 할 수 없어." 신음하듯 그가 말했다.

사람들이 그에게 말을 걸어오면 그는 뭐라고 말할 것인가? 그는 이 노인을 소개해야 할 것이다. 이 70살 먹은 사람을... "이 사람이 나의 아들이오. 오늘 아침 일찍 태어났지." 그러면 그 노인은 자신 둘레의 담요를 그러모을 것이고 로저 버튼과 함께 붐비는 상점들과 노예시장을 지나, ―암울한 찰나의 순간 그는 그의 아들이 흑인이기를 간절히 바랐다.― 거주 지역의 호화로운 주택들을 지나 양로원을 지나... 터벅터벅 걸어갈 것이었다.

"이봐요! 정신 차리세요!" 간호사가 명령조로 말했다.

"이것 봐!" 노인이 갑자기 말했다. "내가 이 담요에 싸인 채로 집에 갈 거라고 생각한다면 큰 오산인 줄 알아."

"아기들은 항상 담요를 덮어."

악의 있게 일부러 우지끈 소리를 내며 노인은 하얀색의 작은 포대기 천을 집어 들었다. "보라구!" 그는 떨리는 목소리로 말했다. "이게 이 사람들이 날 위해 준비해 놓은 거라구."

"아기들은 항상 그런 것들을 덮어요." 간호사가 새침하게 말했다.

"글쎄," 그 노인은 말했다. "이 아기는 2분이 지나면 어떤 것도 입고 있지 않을 거야. 이 담요는 간지러워. 적어도 나

한테 홑이불이라도 줬었어야지.”

"진정해, 진정해." 버튼 씨가 황급히 말했다. 그는 간호사를 돌아보며 말했다. "내가 어떻게 해야 하죠?"

"시내로 가서 당신 아들에게 옷 좀 사다 주세요."

버튼 씨의 아들 목소리는 복도까지 이어졌다. "그리고 지팡이도요. 아버지. 나는 지팡이가 필요해요."

버튼 씨는 거칠게 문을 쾅 닫았다.

2

"안녕하시오." 버튼 씨가 긴장어린 목소리로 체사피크 의류점 직원에게 말했다. "내 아이를 위해 옷을 좀 사고 싶군요."

"아이가 몇 살인가요?"

"대략 6시간쯤이요." 적당히 생각해보지도 않고 버튼 씨가 대답했다.

"아기 용품 매장은 뒤쪽입니다."

"아, 내 생각에는 그게 아니라... 내가 뭘 원하는지 확실치 않은데. 그것.. 그 아이는 특별히 큰 아이오. 아주 특이할 정도로 크다오."

"저희는 큰 아이들 사이즈도 취급하고 있어요."

"아동 매장은 어디죠?" 버튼 씨가 자신의 의도를 절망적으로 바꾸면서 물었다. 그는 점원이 그의 수치스런 비밀을 알아챈 것이 틀림없다고 느꼈다.

"바로 저기요."

"글쎄..." 그가 망설였다. 그의 아들에게 성인 남자의 옷을 입힌다는 생각은 그에게 있어서 무척이나 불쾌한 일이었다. 그가 아주 큰 아동용 정장을 발견한다 할지라도, 그는 그 길고 끔찍스런 수염을 잘라내고, 백발머리를 갈색으로 염색해야 할지도 모르는 일이었다. 그래야 그럭저럭 그 최악의 상황을 숨길 수 있고 볼티모어 사회에서의 그의 지위는 말 할 것도 없이 그 자신의 자존심을 유지할 수 있을 것이었다.

미친 사람처럼 아동용 매장을 뒤졌으나 새로 태어난 버튼에게 맞는 옷은 없었다. 그는 물론 가게를 탓했다. 그런 경우에 그것은 가게를 탓할 만한 일이었다.

"손님 아이가 몇 살이라고 하셨었죠?" 점원이 묘하다는 듯이 물었다.

"열여섯이요."

"오, 죄송합니다. 제가 6시간 되었다고 말씀하신 걸로 생각했었군요. 청소년 매장은 다음 통로에서 찾으실 수 있습니다."

버튼 씨는 참담히 돌아섰다. 그러다 그는 멈춰 서서, 환해진 표정으로, 쇼 윈도우 마네킹에 입혀 놓은 옷을 손가락으로 가리켰다. "저거요!" 그는 기쁨에 소리쳤다. "나는 저 양복을 사겠소. 저기 밖에 마네킹이 입은 거요."

점원은 그 쪽을 응시했다. "글쎄요," 그는 이의를 제기했다. "저것은 아이용 옷이 아닙니다. 적어도 저건 어른이 입는 무도회복 정도는 된답니다. 손님이 직접 입으실 수도 있을 만큼요."

"포장해 주시오." 버튼 씨는 신경질적으로 고집했다. "저

게 내가 원하는 것이오."

놀란 직원은 그의 말에 따랐다.

병원으로 다시 돌아온 버튼 씨는 신생아실로 들어가 그의 아들에게 옷 꾸러미를 던지다시피 주었다. "여기 네 옷이다." 그는 날카롭게 말을 내뱉었다.

그 노인은 꾸러미를 풀고는 미묘한 눈빛으로 내용물을 보았다.

"이 옷들은 나한테는 좀 우습게 보이는군요." 그가 불평했다. "나는 놀림감 같은 건 되고 싶지 않은데..."

"넌 나를 놀림감으로 만들었어!" 버튼 씨가 격렬하게 쏘아붙였다. "너는 네가 얼마나 웃기게 보이는지는 신경 쓰지마. 그것들을 어서 입어. 안 그러면.. 안 그러면... 내가 엉덩

짝을 때려줄 테다!" 적당한 말이었다는 느낌에도 불구하고 그는 불편한 듯 두 번째 말에서 침을 꿀꺽 삼켰다.

"알았어요, 아버지." 자식으로서의 존경심을 기괴하게 흉내 내는 듯, 노인은 말했다. "저보다 오래 사셨으니 뭐가 최선인지 아실테죠. 시키는 대로 하죠."

좀 전에 그랬듯이, '아버지'라는 단어는 버튼 씨를 심히 움찔하게 만들었다.

"그러면 서둘러."

"서두르고 있어요. 아 버지."

그의 아들이 옷을 갈아입었을 때, 버튼 씨는 그를 우울하게 바라보았다. 그 의상은 물방울무늬 양말, 분홍색 바지 그리고 넓찍한 하얀색 깃이 있는 벨트 달린 블라우스로 이루어져 있었다. 길고 희끄무레한 수염이 끝부분까지 물결치며 거의 허리까지 흘러내려와 있었다. 그 결과는 좋지 않았다.

"잠깐!"

버튼 씨는 병원용 가위를 쥐고는 그 수염의 대부분을 재빠른 세 번의 가위질로 싹둑 잘라냈다. 그러나 이러한 개선에도 전체적 조화는 완벽함과는 거리가 아주 멀었다. 듬성듬성 남아있는 머리카락과 진물고인 눈, 노쇠한 치아는 복장의 쾌활함과는 기이하게 어긋나 있었다. 그러나 버튼 씨는 개의치 않았다. 그는 그의 손을 잡아끌었다. "따라와!" 그가 엄한 목소리로 말했다.

그의 아들은 그 손을 안심하고 잡았다. "저를 뭐라고 부

르실 거예요 아빠?" 신생아실로부터 벗어나면서, 노인은 떨리는 목소리로 물었다. "한동안은 그냥 아기요? 더 나은 이름이 생각날 때까지는요?"

버튼 씨는 툴툴거렸다. "나도 모르겠다." 그는 무정히 말했다. "내 생각에는 우리가 너를 '므두셀라'*라고 부를 것 같구나."

---

* 므두셀라(Methuselah)는 구약성경에 등장하는 유대의 족장으로, 창세기 5:27에 969세까지 살았다고 기록되어 있다.

3

버튼 가족의 새 식구가 머리를 짧게 자르고, 드문드문한 머리카락을 과도하게 새까만 색으로 염색하고, 얼굴에 광이 날 정도로 면도를 하고, 어리둥절해 하는 재단사에게 주문해 만든 작은 소년용 복장을 차려입고 난 후에도 그의 아들이 첫 자식으로는 좋지 않은 표본이라는 사실을 버튼 씨가 무시하는 것은 불가능 했다. 나이가 들어 휘어진 등에도 불구하고 벤자민 버튼—이것이, 적절하기는 하지만 불쾌감을 유발하는 므두셀라라는 이름 대신에 그들이 그를 부르기로 한 이름이었는데—의 키는 5피트 8인치* 정도였다. 그의 옷들이 그러한 사실을 감추지는 못 했고, 다듬어지고 염색된 그의 눈썹도 그 아래의 눈이 퇴색되고 짓무르고 지친 기색이 역력하다는 사실을 감출 수는 없었다. 사실, 미리 고용되었던 보모는 단 한번 그를 본 후 굉장히 분노한 상태로 떠났다.

그러나 버튼 씨는 아들에 대한 확고한 결심을 유지했다. 벤자민은 아기였다. 그리고 아기로 남아있어야 했다. 우선

---

* 약 173cm임

그는 만일 벤자민이 따뜻한 우유를 맘에 들어 하지 않는다면 음식 자체를 먹지 않고 지내야 할 거라고 선언했다. 그러나 그는 결국 설득을 당해서 그의 아들이 빵과 버터를 먹는 것을 허락했고, 오히려 타협의 형식으로 오트밀도 허락했다. 어느 날 그는 집으로 딸랑이를 가져왔고 그것을 벤자

민에게 주면서 딱 잘라 말해, 그가 그것을 '가지고 놀아야 한다'고 고집했다. 그래서 노인은 따분한 표정을 지은 채 딸랑이를 가져갔고, 버튼 씨는 그날 내내 일정 간격으로 꼬박꼬박 딸랑거리는 방울 소리를 들을 수 있었다.

그렇지만 그 딸랑이는 벤자민을 무료하게 만들었고, 혼자 남겨졌을 때, 그가 위로가 될 만한 다른 놀이거리를 찾았다는 점에는 의심의 여지가 없었다. 예를 들어, 버튼 씨는 어느 날, 지난 한 주 동안 그 어느 때보다도 그가 시가를

많이 피웠다는 것을 알게 되었는데, 그 사건은 며칠 뒤, 그가 갑자기 아이 방에 들어갔을 때, 방안이 희미한 푸른색 연기로 가득 차있고, 벤자민이 죄진 듯한 표정으로 검게 탄 하바나 시가 꽁초를 감추려고 하는 것을 발견했을 때 설명 되었다. 이 일은 물론 심한 체벌이 요구되는 것이었지만 버튼 씨는 그 자신이 그 일에 대해 꾸지람을 할 수 없다는 것을 알았다. 그는 단지 그의 아들에게 그것이 그의 '발육을 방해 할 것'이라고만 경고했다.

이러한 일에도 불구하고 버튼 씨는 그의 입장을 고집했다. 그는 집에 납으로 만든 모형 군인, 장난감 기차, 면으로 만든 커다랗고 재미있는 동물 인형들을 가져왔다. 그는 적어도 그 자신을 위해, 그가 만든 환상을 충족시키기 위해 가게 점원에게 분홍색 오리 인형을 아기가 입에 넣어도 색이 빠지거나 하지는 않는지를 열정적으로 물어 보았다. 그러나 그의 아버지의 모든 노력에도 불구하고 벤자민은 관심 갖기를 거부했다. 그는 슬그머니 뒷계단으로 빠져나가 '브리태니커 백과사전' 한 권을 아기방으로 가지고 돌아와서는 오후 내내 열심히 읽곤 했다. 그 동안 그의 소 인형들과 노아의 방주 장난감은 등한시 된 채 바닥에 남겨져 있었다. 그러한 그의 고집에 버튼 씨의 노력은 아무런 소용이 없었다.

처음에 볼티모어에서 일어난 소동은 경이적이었다. 그 불행한 일이 버튼 부부와 일가친척들에게 사회적으로 어떤 대가를 치르게 할 것인지는 단정지을 수 없었다. 왜냐하면 남북전쟁의 발발이 도시 전체의 관심을 다른 것들로 돌렸기 때문이었다. 변함없이 예의바른 사람들은 버튼 부부에게 건넬 인사말을 만들어 내느라 머리를 짜냈고 마침내 재치 있는 방도를 떠올렸는데 아기가 할아버지를 닮았다고 말하는 것이었다. 그것은 모든 70세 노인들에게 흔히 나타나는 노화의 표준화 상태에 기인한 것이었으므로 부인할 수 없는 사실이기도 했다. 로저 버튼 부부는 유쾌하지 않았고 벤자민의 할아버지는 심하게 모욕감을 느꼈다.

벤자민은 일단 그가 병원을 떠난 이후로 그의 삶을 있는 그대로 받아들였다. 몇몇 소년들이 그와 놀아주기 위해 집으로 불려 왔고, 그는 관절이 뻐근한 오후를 팽이와 구슬에 애써 관심을 갖기 위해 노력하면서 보냈다. 그는 아주 우연히 새총으로 부엌 창문을 깨트리게 되었는데, 그 일은 은근히 그의 아버지를 기쁘게 했다.

그 이후로 벤자민은 매일 뭔가를 창조적으로 부수는 일을 저질렀는데, 그것은 오로지 그 일을 사람들이 기대하고 있기 때문에, 그리고 그가 선천적으로 순종적인 성품이었기 때문이었다.

그의 할아버지가 초기의 적대심을 누그러뜨리자, 벤자민과 할아버지는 서로 어울리면서 기쁨을 나누었다. 그들은 몇 시간이고 앉아 있곤 했는데 이들은 나이와 경험 면에서 큰 차이가 났지만 마치 오래된 벗처럼 끊임없이 단조로운

목소리로 하루의 느린 일상들에 대해 이야기를 나누었다.
벤자민은 부모님보다 할아버지를 대면하는 것에 더 편안함
을 느꼈다. 부모님은 항상 그에게 약간의 경외심을 느끼는
것처럼 보였고, 그에게 행하는 독재적인 권위의식에도 불구
하고 그들은 종종 그에게 '미스터(Mr.)'라는 호칭을 붙였다.

　벤자민 자신도 그의 정신과 신체가 명백하게 미리 나이
든 채 태어났다는 사실에 그 누구 못지않게 놀랐었다. 그는
의학 잡지를 읽으며 이에 대해 연구했지만, 이전에 기록된
사례가 없다는 사실만 발견했을 뿐이었다. 아버지의 재촉

으로 벤자민은 다른 소년들과 어울리기 위해 진심으로 노력했고 종종 가벼운 놀이에 참여했다. 미식축구 같은 게임은 그의 몸을 너무 심하게 뒤흔들었고, 골절이라도 생기는 경우에 그의 노쇠한 뼈들이 제자리에 붙어있지 못할까 두려워, 꺼렸지만 말이다.

태어난 지 5년째 되었을 때, 그는 유치원에 보내졌다. 그곳에서 그는 녹색 색종이를 오렌지색 색종이에 붙이기, 색색깔의 지도 만들기, 끝없이 긴 마분지 목걸이를 만드는 등의 미술놀이를 시작했다. 그는 이러한 일을 하는 중간에 잠이 들어버리곤 했는데, 그런 습관은 그의 젊은 선생님을 짜증이 나면서도 소스라치도록 놀라게 만들었다. 벤자민이 한시름 놓게도, 그녀는 그의 부모님께 불만을 얘기했고 그는 유치원을 관두었다. 로저 버튼은 그의 지인들에게 유치원측에서 벤자민이 너무 어린 것으로 판단했다고 말했다.

벤자민이 12살이 되었을 무렵, 그의 부모님은 그에게 익숙해졌다. 습관의 힘이란 실로 너무나 강해서 몇몇 기묘하게 예외적인 일들이 사실을 상기시켜 줄 때를 제외하고는 그들은 더 이상 벤자민이 다른 아이와 다르다고 생각하지 않았다.

그의 12번째 생일이 지난 지 몇 주 후 어느 날, 거울을 보는 동안, 벤자민은 엄청난 발견을, 적어도 자신이 생각하기에 엄청난 발견을 했다. 그의 눈이 그를 속이는 건가? 아니면 12년이라는 그의 삶 동안 염색에 감춰진 그의 백발이

철회색으로 진정 변한 것인가? 그의 얼굴에 그물처럼 퍼져 있던 주름들이 덜 또렷해지고 있나? 여전히 만년의 안색을 띠고 있지만 그의 피부가 건강해지고 단단해졌나? 그는 구별할 수 없었다. 단지 그는 그의 등이 더 이상 구부정하지 않다는 것을 알았고, 그의 신체 조건이 어렸을 때 이후로 향상되고 있다는 것을 알았다.

"이럴 수도 있는 걸까?" 그는 혼자 속으로 생각했지만 감히 그렇게 생각하기엔 있을 법한 일이 아니었다.

그는 그의 아버지한테 갔다. "제가 성장한 것 같아요." 그는 결연한 표정으로 말했다. "나는 긴 바지를 입고 싶어요."

그의 아버지는 망설였다. "글쎄다." 마침내 그가 입을 열었다. "잘 모르겠구나. 14살이 넘어야 긴 바지를 입는 거란다. 근데 너는 12살이잖니."

"하지만 제가 제 나이에 비해 크다는 점은 인정하시잖아요." 벤자민이 따지듯 말했다.

그의 아버지는 말도 안 되는 억측이라는 듯 그를 쳐다보았다. "오, 그건 확실치가 않구나." 그가 말했다. "내가 12살 때도 딱 너 만했거든."

그 말은 사실이 아니었다. 그것은 그의 아들이 정상이라고 믿고 싶은 로저 버튼이 자기 자신과 맺은 암묵적인 합의에서 나온 것일 뿐이었다.

결국 타협은 달성되었다. 벤자민은 그의 머리카락을 계속 염색해야 했고, 자신 나이의 또래 소년들과 좀더 협조적으로 놀아야 했다. 그는 돋보기를 끼거나 거리에서 지팡이를 지니고 다녀서는 안 되었다. 대신에, 이러한 것들을 양보하고, 그는 그의 첫 긴 바지를 입도록 허락 받았다.

4

    벤자민 버튼의 12세에서 21세까지의 삶에 대해서 나는 거의 말하지 않을 작정이다. 그저 정상적으로 '비성장한(더 이상 늙지 않음)' 기간이었다고 말하면 충분할 것이다. 벤자민이 18세가 되었을 때, 그는 50세 남성처럼 곧게 섰고, 머

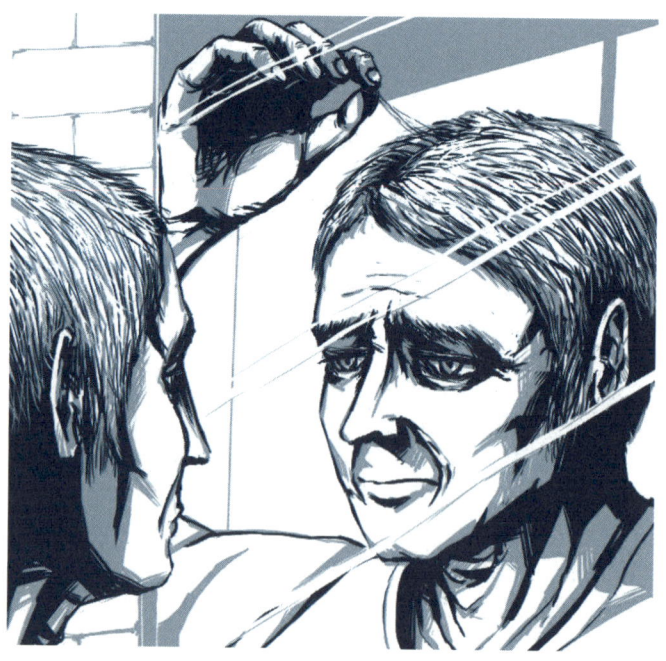

리숱이 늘어났으며, 그것은 짙은 회색이었다. 그의 걸음걸이는 안정되었고, 갈라지며 떨렸던 목소리는 활력있는 바리톤 음으로 내려갔다. 그래서 그의 아버지는 예일대 입학시험을 치르게 하기 위해 그를 코네티컷 주로 보냈다. 벤자민은 시험에 통과했고 신입생이 되었다.

입학식이 있고 3일 후에, 그는 학적 담당 직원인 하트 씨로부터 통보를 받았는데 그의 사무실에 들러서 수업 시간표를 짜라는 내용이었다. 벤자민은 힐끗 거울을 보았고, 갈색으로 새롭게 머리를 염색할 필요가 있다고 결정했다. 간절하게 그의 침실용 장롱 서랍을 뒤졌으나 염색약 병은 없었다. 그는 그저께 다 쓴 뒤 그것을 버렸던 일을 기억해 냈다.

그는 딜레마에 놓였다. 그가 학적과에 가기로 되어 있는 시간이 5분 뒤로 다가왔다. 이 일에 도움이 될 만한 것은 없었다. 그는 현 상태로 가야만 했고 그는 그렇게 했다.

"안녕하세요." 학적과 직원은 예의바르게 말했다.

"아드님에 관해 여쭤보러 오셨군요."

"아, 사실, 제 이름은 버튼이고..." 벤자민이 말을 시작했지만, 곧 하트 씨가 말을 가로챘다.

"만나서 반갑습니다. 버튼 씨. 저는 아드님을 기다리고 있었답니다. 아마 곧 올 거예요."

"그게 저예요!" 벤자민은 불쑥 소리쳤다.

"제가 신입생이에요."

"뭐라고요!"

"제가 신입생이라구요."

"당연히 농담이겠죠."

"전혀요."

직원은 얼굴을 찌푸리고 그 앞에 놓인 기록 카드를 흘끗 보았다. "글쎄요, 제가 여기 아래에 벤자민 버튼의 나이가 18세라고 적힌 것을 가지고 있는데요."

"그게 제 나이예요." 벤자민은 약간 얼굴을 붉히며 주장했다.

직원은 어이없이 그를 노려보았다. "저기 당연히, 버튼 씨, 저보고 그걸 믿으라는 것은 아닐테죠?"

벤자민은 침울하게 미소를 지었다. "저는 18살이에요." 그는 말을 반복했다.

직원은 가차 없이 문 쪽을 가리켰다. "나가시오!" 그는 말했다. "학교에서도 나가고 마을에서도 나가시오. 당신은 위험한 미치광이오."

"저는 18살이에요."

하트 씨는 문을 열었다. "너무하는군!" 그가 소리쳤다. "당신 나이로 이곳에 신입생으로 들어오려 하다니. 18세라구, 당신이? 자, 당신한테 18분을 줄 테니 마을에서 썩 나가시오."

벤자민은 품위를 지키며 그 방에서 걸어 나왔다. 복도에서 대기하고 있던 6명의 학부생들이 신기한 듯 눈으로 그를

좇았다. 그가 얼마 가지 못해 뒤를 돌아보았을 때, 노발대
발한 그 학적과 직원은 여전히 문가에 서서 모두 들으라는
목소리로 벤자민의 말을 되풀이 하고 있었다.

"저는 18살이에요."

학부생들로부터 일제히 터져 나오는 킥킥거리는 웃음소

리를 들으며 벤자민은 걸어갔다.

그러나 그는 쉽게 벗어날 수 있는 운명이 아니었다. 침울
하게 기차역으로 걸어가는 도중, 한 무리, 한 떼, 마침내 굉
장히 많은 사람들이 그의 뒤를 쫓아오고 있다는 것을 알

왔다. 한 미치광이가 예일대 입학시험을 통과했고, 18세라고 자신을 속이려 들었다는 말이 돌았었던 모양이었다. 흥분의 열기가 캠퍼스에 퍼져 있었다. 남자들은 모자도 안 쓴 채 교실에서 나왔고, 미식축구팀은 연습을 내버려 둔 채 군중에 참여했으며, 교수의 부인들도 보닛*과 버슬**이 삐뚤어진 채 소리를 지르며 행진을 뒤따랐다. 그 행진에서는 벤자민의 부드러운 감수성에 와서 박히는 말들이 연이어서 터져 나왔다.

---

* bonnet: 끈으로 턱에 묶는 모자
** bustle: 스커트 뒷자락을 부풀게 하는 여성 속옷

"떠돌이 유태인이 틀림없어!"

"저 나이라면 고등학교를 갔어야지!"

"어린 신동 좀 봐!"

"여기가 양로원인 줄 알았나봐!"

"하버드나 가라!"

벤자민은 그의 보폭을 넓혔고 곧 달리고 있었다. 보여주고 말리라! 그는 하버드에 갈 거고, 그러면 그들은 이 분별없는 비아냥거림들을 후회할 것이다!

안전하게 볼티모어행 기차에 오르자 벤자민은 그의 머리를 창문 밖으로 내밀었다. "당신들 이 일을 후회할거야!" 그는 소리쳤다.

"하..하..!" 학생들이 웃었다. "하-하-하!" 그것은 예일 대학이 저지른 일생일대의 실수였다.

5

    1880년에 벤자민은 20세가 되었다. 그는 그의 생일을 로저 버튼 철물 도매사에 일하러 가는 것으로 시작했다. 그가 사교적인 외출을 하기 시작한 것은 바로 같은 해였는데, 그의 아버지가 그를 몇몇 사교무도회장에 데려갈 것을 고

집해서였다. 로저 버튼은 현재 50세였다. 그리고 그와 그의 아들은 점점 더 친구 같은 사이가 되었다. 사실, 여전히 회색이긴 했지만 벤자민은 그의 머리 염색을 중단했고 그들은 대략 같은 나이로 보여 형제처럼 여겨질 수도 있었다.

팔월 어느 날 밤, 완전한 정장차림을 하고 그들은 4륜 마차에 올라탔다. 그들은 볼티모어 바로 외곽에 위치한 셰블린의 별장 무도회로 마차를 몰았다. 아름다운 밤이었다. 보름달이 광택 없는 백금색으로 도로를 흠뻑 적시고 있었고, 뒤늦게 만개한 꽃들이 나지막하여 들릴 듯 말 듯한 웃음소리와 같은 향기로 고요한 대기에 생기를 불어넣었다. 밝게 빛나는 밀들로 길 주변이 온통 뒤덮여 있었기 때문에, 확트인 시골 풍경은 대낮인 것처럼 뚜렷이 보였다. 온전한 하늘의 아름다움에 감동 받지 않기란 거의 불가능했다.

"포목 의류 사업이 전망이 좋아." 로저 버튼이 말하고 있었다. 그는 영적인 사람이 아니었다. 그의 미적 감각은 원시적인 수준이었다.

"나 같이 나이든 사람들은 새 수법을 배울 수 없지." 그는 진지하게 말했다. "에너지와 활기를 지닌 너와 같은 젊은 이들이야말로 큰 미래를 가지고 있지."

길 저 먼 곳에서 셰블린의 별장 불빛이 시야로 흘러 들어왔다. 얼마 안 있어 탄성 같은 소리가 들렸는데, 가냘프고 구슬픈 바이올린 소리이거나 달 아래 산들거리는 은빛 밀소리임이 틀림없었다.

그들은 문가에서 승객이 내리고 있는 멋진 사륜마차 뒤에 멈췄다. 한 숙녀가 나왔고 그 다음 한 노신사, 그 다음 참으로 아름다운 한 젊은 여성이 내렸다. 벤자민은 움찔했다. 즉각적인 화학변화가 그의 몸 구성 요소 자체를 분해했다가 다시 만드는 것 같았다. 그는 몸이 경직됨을 느꼈다. 피가 그의 뺨과 이마로 쏠렸고 그의 귀에 끊임없이 두근거리는 심장 소리가 들렸다. 그것은 첫 사랑이었다.

그 소녀는 호리호리하고 연약했다. 그녀의 머리카락은

달빛 아래서 창백했고 탁탁거리며 타오르는 현관 램프불빛 아래에서 황금빛을 띄었다. 그녀는 어깨 너머로 연한 노란색에 검정색 나비 무늬가 들어간 스페인식 작은 망토를 두르고 있었다. 그녀의 발은 바스락거리는 드레스 가장자리에 있는 반짝이는 단추 같았다.

로저 버튼은 그의 아들에게 슬쩍 기대며 말했다. "저이가 힐데가르드 몬크리프 양이군. 몬크리프 장군의 딸 말이야."

벤자민은 냉담하게 고개를 끄덕였다. "예쁜 아가씨군요." 그는 무심히 말했다. 그러나 흑인 소년이 4륜 마차를 끌고 갔을 때 그가 덧붙여 말했다. "아빠, 저를 그녀에게 소개해 주세요."

그들은 몬크리프 양이 중심에 있는 한 그룹으로 다가갔다. 전통적인 방식으로 길러졌기 때문에 그녀는 벤자민 앞에서 절*을 했다. "네!" 그는 춤 허락을 받았다. 그녀에게 감사 인사를 하고 돌아서던 그는 마음이 심하게 동요하는 것을 느꼈다.

그의 차례가 돌아 올 때까지의 간격은 지루하게 긴 시간이었다. 그는 조용히, 헤아릴 수 없는 표정으로 벽 가까이에 서서 살기어린 눈으로 볼티모어의 혈기왕성한 젊은이들을 바라보고 있었다. 그들은 정열적인 찬사를 얼굴에 지닌 채 힐데가르드 몬크리프 양 주변을 소용돌이처럼 둘러싸고

---

* 왼발을 빼고 무릎을 굽혀 몸을 약간 숙이는 여자 인사

있었다. 그들이 벤자민에게는 얼마나 불쾌했는지! 그에게는 어찌나 약이 오르는 광경인지! 그들의 곱슬거리는 갈색 빛 구레나룻은 그에게 있어서는 소화불량 같은 기분을 들게 했다.

그러나 자신의 차례가 오고, 파리에서 온 최신 왈츠에 맞춰 그녀와 함께 사람들이 교체하고 있는 댄스 플로어로 옮겨갔을 때, 그의 질투심과 걱정들은 눈의 장막처럼 녹아 사라졌다. 황홀함에 취한 그는 인생이 이제 막 시작된 것처럼 느껴졌다.

"당신과 당신 형도 저희가 왔을 때쯤 오셨죠, 그렇지 않나요?" 밝은 파란색 에나멜같은 눈으로 그를 올려다보며 힐데가르드가 물었다.

벤자민은 망설였다. 만일 그녀가 그를 그의 아버지의 동생이라고 여긴다면 그녀를 일깨워 주는 것이 최선일까? 그는 예일대에서의 경험을 기억했다. 그래서 그는 그러지 않기로 결심했다. 숙녀의 말을 부인하는 것은 무례한 일일 것이다. 그의 출생과 같은 괴기스러운 이야기로 이 멋진 상황을 손상시키는 것은 범죄행위일 것이다. 어쩌면, 다음번에라면 모를까... 그래서 그는 그녀의 말에 고개를 끄덕이고, 미소를 지었으며, 경청했고, 행복했다.

"저는 당신 또래의 남자가 좋아요." 힐데가르드가 그에게 말했다. "젊은 남자들은 너무 바보 같아요. 그들은 저에게 그들이 대학에서 얼마나 많은 샴페인을 마셨는지, 얼마나 많은 돈을 카드놀이에서 잃었는지를 말 할 뿐이죠. 당신 또래의 남성들은 여성을 이해하는 법을 알죠.”

벤자민은 자신이 청혼할 준비가 되어있다고 느꼈으나 그 충동을 억제하려고 노력했다.

"당신은 로맨틱한 나이에요," 그녀는 계속 말했다. "50세라는 나이요. 25세는 너무 처세만 밝히죠. 30세는 과로로 창백하기 쉬워요. 40세는 시가 하나를 다 피울 정도의 긴 사연이 있는 나이죠. 60세는 아, 60세는 70세에 너무 가까워요. 하지만 50세는 딱 원숙한 나이죠. 저는 50세를 사랑해요."

50세라는 나이는 벤자민에게 영광스런 나이인 것 같았다. 그는 50세가 되기를 열정적으로 갈망했다.

"저는 항상 말해왔죠," 힐데가르드가 말을 이었다. "30세의 남자와 결혼해서 그를 돌보기보다는 50세의 남자와 결혼해서 저를 돌봐주게 하는 것이 낫다구요."

벤자민에게 그날 저녁의 나머지는 황금빛 안개로 뒤덮혀 있었다. 힐데가르드는 그에게 2번의 춤을 더 허락했고, 그들은 온갖 시사문제에 대해 놀라울 정도로 서로 뜻이 맞다는 것을 발견했다. 그녀는 다가오는 일요일에 그와 드라이브를 가기로 했고, 그때 이 문제들에 대해 좀더 심도 깊게 토론을 나누기로 했다.

마차를 타고 그들이 집으로 돌아가고 있을 때는 막 동이 틀 무렵이었는데, 이른 벌들이 윙윙거리고 있었고, 점차 자취를 감추고 있는 달이 차가운 이슬 위로 희미하게 빛나고 있었다. 벤자민은 어렴풋이 그의 아버지가 철물 도매에 대해 이야기 하고 있다는 것을 알았다.

"에.. 그리고, 망치하고 못 다음으로 우리가 뭐에 큰 관심을 가져야겠니?" 더 나이든 버튼이 말하고 있었다.

"러브(love)요." 얼이 빠져 멍한 상태로 벤자민이 말했다.

"러그(lug, 깔개)라구?" 로저 버튼이 큰소리로 외쳤다. "얘야, 내가 막 그 문제에 대해 다루지 않았니."

동쪽하늘이 갑자기 빛으로 산산이 부서지고, 생기를 되찾은 나무에서 꾀꼬리 한 마리가 찢어지듯 하품을 할 때, 벤자민은 그를 멍한 눈으로 바라보았다.

6

6개월 뒤, 미스 힐데가르드 몬크리프가 벤자민 버튼과 약혼했다는 것이 알려지는 데 성공했을 때 –나는 여기서 성공했다는 표현을 썼는데 왜냐하면 몬크리프 장군이 약혼 발표를 하느니 자신의 칼 위로 쓰러지는 편이 낫다고 선언했기 때문이었다.– 볼티모어 사회의 흥분은 열광 그 자체였다. 거의 잊혀졌던 벤자민의 출생이 상기되었고, 사악하며 말도 안 되는 형태의 루머가 바람처럼 퍼져나갔다. 사람들은 벤자민이 실제로는 로저 버튼의 아버지라거나, 40년 동안 감옥에 있었던 그의 동생이라거나, 존 윌키스 부스*가 변장을 한 것이라거나 심지어, 그의 머리에 작은 두 개의 원 뿔이 돋아나 있다고 이야기했다.

뉴욕신문은 일요일자 부록 페이지에서 이 사건을 눈길을 끄는 그림과 함께 크게 다루었는데, 그 그림은 벤자민의 머리를 물고기, 뱀, 마지막에는 놋쇠로 된 몸통에 붙여 놓은 것이었다. 기사에 따르면 그는 메릴랜드의 미스테리 맨으로 알려져 있었다. 하지만 항상 그러하듯이 진실은 거의

---

* 존 윌키스 부스(John Wilkes Booth): 링컨 대통령의 암살범. 1865년 '북부 연합군 (Union)' 기병대가 버지니아에서 사살한 것으로 알려져 있다.

전달되지 못했다.

　그러나 사람들은 볼티모어의 그 어떤 미남과도 결혼할
수 있었던 사랑스러운 소녀가 50세임이 틀림없는 한 남자
의 품에 스스로를 던진 일이 범죄행위와 마찬가지라는 점
에는 몬크리프 장군에게 동의했다. 로저 버튼은 아들의 출
생증명서를 볼티모어 블레이즈*에 커다란 활자로 실었으나

---

* 신문사 이름

허사였다. 아무도 그것을 믿지 않았다. 그저 벤자민을 한번 보기만 하면 알 수 있는 일이었다.

한편 이 사건과 가장 관련이 있는 두 사람은 동요하지 않았다. 그녀의 약혼자에 대한 너무 많은 이야기들이 거짓이라며 고집스럽게도 그녀는 엄연한 사실인 것조차도 믿기를 거부했다. 몬크리프 장군은 공연히 50세의 사람들, 적어도 50세처럼 보이는 사람들의 높은 사망률에 대해서 지적하기도 했고, 철물 도매 사업의 불안정성에 대해서도 얘기 했지만 헛수고였다. 힐데가르드는 '원숙함'을 선택했고 그녀는 정말로 결혼했다.

7

힐데가르드의 지인들은 적어도 한 가지 면에 있어서는 틀렸다. 철물도매 사업은 놀라울 정도로 번창했다. 1880년 벤자민 버튼의 결혼과 1895년 로저 버튼의 은퇴 사이, 15년 만에 가족의 재산은 두 배가 되었고 이것은 대부분 회사의 한 젊은이* 덕분이었다.

말할 필요도 없이, 볼티모어 사회는 결국 그 커플을 받

---

* 젊어진 벤자민 버튼을 의미함

아들였다. 심지어 나이든 몬크리프 장군조차 그의 사위와 화해를 하게 되었는데, 9개의 저명한 출판사들에게 거절당한 20권에 달하는 '남북전쟁의 역사'라는 책을 출판하도록 벤자민이 그에게 돈을 대주었을 때였다.

벤자민 자신에게도 15년이란 세월은 많은 변화를 일으켰다. 그의 혈관 속으로 새로운 기운의 피가 흐르는 것만 같았다. 아침에 일어나고, 붐비는 화창한 거리를 힘차게 걸어가고, 망치 운송과 못 화물에 대한 일을 지칠 줄 모르고 하는 것이 즐거움이 되기 시작했다. 그가 잘 알려진 사업상의 대성공을 거둔 것은 1890년이었다. 그는 운송되는 못이 담긴 상자들을 못 박는 데 이용되는 모든 못들은 화물주의 재산으로 귀속되어야 한다는 제안을 내놓았고, 그 제안은 파실(Fossile)* 연방 대법원장에 의해 승인을 받아 법령화되었으며, 이로써 로저 버튼 철물 도매사는 매년 600개가 넘는 못들을 절약할 수 있었다.

덧붙여, 벤자민은 인생의 즐거운 부분에 점점 더 매료되어가는 자신을 발견했다. 그가 볼티모어 시에서 가장 먼저 자동차를 소유하고 운전한 것은 즐거움에 대한 점점 커져가는 그의 열정을 잘 보여주는 일이었다. 거리에서 그를 만나면 그의 동년배들은 건강함과 활력으로 그가 만들어내는 장면에 질투어린 시선을 보내곤 했다.

---

*'Fossile'이란 이름에는 '구식 사람', '구제도', '낡은 사고방식'이란 뉘앙스가 있다. 이를 통해 우리는 작가가 왜 고작 못 600개를 절약한 것만으로도 벤자민이 엄청난 대성공을 했다고 묘사했는지 그 이유를 헤아려 볼 수 있다.

"저 사람은 매년 젊어지는 것 같아." 그들은 말하곤 했다. 이제 65세가 된, 늙은 로저 버튼이 처음부터 그의 아들의 탄생을 적절하게 환영했기에 망정이지, 그렇지 않았다면 지금에 와서 아들에게 아첨과 매한가지인 알랑방귀를 뀌며, 속죄하듯 살아야 했을 것이다.

이 시점에서 우리는 가능한 빨리 넘어가는 것이 바람직한, 유쾌하지 못한 주제에 이르렀다. 벤자민 버튼을 걱정시키는 유일한 것이 있었는데, 그의 부인이 더 이상 그에게 매력적이지 않다는 것이었다.

그 당시 힐데가르드는 35세의 여성이었고 아들 로스코

는 14살이었다. 초기 그들의 결혼 생활에서 벤자민은 그녀를 숭배했다. 그러나 세월이 흘러감에 따라 그녀의 황금빛 머리카락은 평범한 갈색이 되었고 파란색 에나멜 같은 눈은 싸구려 도자기 같이 여겨졌다. 더욱이, 무엇보다도 그녀는 자신의 생활에 너무 정착했고, 너무 평온했으며, 너무 만족스러워 했고, 자극에 너무 미약했으며, 취향은 너무 수수해졌다. 벤자민을 '이끌고' 무도회와 만찬에 다니던 것은 신부였던 그녀였지만, 지금은 상황이 바뀌었다. 그녀는 그와 함께 사교적인 외출은 했지만 열정은 사라진 상태였고, 어느 날 우리 개개인에게 다가와 죽을 때까지 우리와 함께 머무는, 바로 그 영구적인 무력증에 의해 삼켜진 상태였다.

벤자민의 불만은 점점 강해져갔다. 1898년 아메리카-에스파냐 전쟁*이 발발하자 가정에서 거의 매력을 찾지 못하던 그는 군대에 입대하기로 결심했다. 그는 사업적인 영향력으로 대위의 직위를 획득했고 임무에 너무나 잘 적응한 결과 소령이 되었으며 결국 그 유명한 산 후앙 힐 진군**에 참여한 것과 맞추어 중령으로 진급했다. 그리고 그는 경미한 부상을 입었으나 무공훈장까지 받았다.

---

* The Spanish-American War: 1898년에 에스파냐의 식민지였던 쿠바에서 미국과 에스파냐가 벌인 전쟁. 쿠바에서 식민지 통치에 항거하는 세력과 에스파냐의 혁명 탄압 세력이 부딪치는 가운데 수많은 양민이 생명을 잃게 되자, 미국에서 인도주의를 표방하고 식민지 쿠바의 내정에 간섭하여 일어난 전쟁이다. 이 전쟁은 제국주의 국가로서의 미국의 입지를 강화시켰다. 미서 전쟁, 혹은 아메리카·스페인 전쟁이라고도 한다.

** 산 후안 힐(San Juan Hill)은 쿠바 산티아고 동부에 위치한 구릉지대로, 이곳에서 미서 전쟁 중 가장 치열했던 전투가 벌어졌고 가장 많은 사상자가 나왔다.

벤자민은 군대 생활의 활력과 박진감에 너무 애착을 느끼게 되어서 제대하는 것을 유감으로 여겼다. 하지만 그의 사업이 그의 관심을 필요로 했기 때문에 그는 군 생활을 그만두고 집으로 돌아왔다. 그는 역에서 브라스 밴드의 환영을 받았고 그의 집까지 호위되었다.

8

힐데가르드는 실크로 된 커다란 국기를 흔들며 현관에서 그를 맞았다. 그는 그녀에게 키스했지만, 삼년이라는 기간이 그들의 관계에 큰 타격을 주었음을 느끼자 마음이 무거워졌다. 그녀는 희끗희끗한 회색 머리가 보이기 시작하는 40세의 여성이었다. 그런 모습이 그를 우울하게 만들었다.

그는 방으로 올라가 낯익은 거울에 반사된 자신의 모습을 보았다. 그는 근심스러운 표정으로 가까이 다가가 면밀히 자신의 얼굴을 살펴보다가, 전쟁 직전 군복을 입고 찍은 사진 속 자신의 모습과 비교해 보았다.

"세상에!" 그가 큰소리로 말했다. 그 과정은 계속되고 있었다. 그가 이제 30세의 남성처럼 보인다는 것에는 의심할 여지가 없었다. 기쁨 대신 그는 불안했다. 그는 계속 어려지고 있었다. 이제까지 그는 수년 안에, 그의 신체나이가 그의 실제나이와 맞아떨어지는 시점에 도달하면 그의 출생부터 시작된 그 괴기한 현상이 중단되기를 기대했었다. 그는 두려움으로 몸을 떨었다. 그의 운명은 그에게 믿을 수 없을 만큼 지독한 것처럼 느껴졌다.

그가 아래층으로 내려갔을 때, 힐데가르드는 그를 기다

리고 있었다. 그녀는 화가 나 보였다. 그는 그녀가 마침내 뭔가 잘못되었다는 것을 알아챈 것인지 궁금했다. 그는 그들 사이의 긴장을 완화할 양으로 저녁 식사자리에서 그 일을 다소 미묘한 방식으로 끄집어냈다.

"자," 그가 가볍게 말했다. "모든 사람들이 내가 예전보다 더 젊어 보인다는구나."

힐데가르드는 그를 멸시에 찬 눈으로 쳐다보았다. 그녀는 콧방귀를 뀌었다. "당신은 그게 자랑거리라도 된다고 생각하나요?"

"나는 자랑하는 게 아니야." 그는 불편한 듯 강력하게 말했다.

그녀가 다시 콧방귀를 뀌었다. "너무하군," 그녀가 말했다. 그리고 잠시 후 말을 이었다. "당신이 그걸 멈출 정도의 자존심은 있다고 생각하고 싶어요."

"내가 멈출 수 있다고 생각하는 거요?" 그가 물었다.

"나는 당신과 논쟁하자는 게 아니에요." 그녀가 쏘아 붙였다. "그렇지만 어떤 일을 하는 데에는 옳은 방법이 있고 나쁜 방법이 있지요. 당신이 다른 모든 사람들과 달라지기로 결심했다면 당신을 말릴 생각은 없지만, 나는 정말이지 당신이 그렇게 하는 것은 신중하지 못한 거라고 생각해요."

"하지만 힐데가르드, 나로서는 어쩔 수가 없는 일이오."

"할 수 있고말고요. 당신은 단순히 고집쟁이일 뿐이에요. 당신은 어떤 누구와도 같아지는 것을 원하지 않죠. 당신은 항상 그런 식이었고 앞으로도 그럴 거예요. 하지만 만일 모든 사람들이 당신처럼 세상일을 바라본다면 어떻게 되겠어요. 이 세상이 어찌 될까요?"

이것은 공허하고 답 없는 논쟁이었기 때문에 벤자민은 대꾸하지 않았다. 그리고 그때 이후로 그들 사이의 균열은 더욱 커지기 시작했다. 그는 도대체 그가 그녀의 무슨 매력에 사로 잡혔었는지 의아했다.

불화는 더해가고 있었지만, 새로운 세기가 진행됨에 따라, 즐거움에 대한 자신의 갈망은 더욱 강해지고 있다는 것을 벤자민은 알게 되었다. 볼티모어 시에서 열리는 파티라면 어떠한 종류이든 그를 볼 수 있었다. 그는 젊은 유부녀들 중 가장 아름다운 여성과 춤을 추었고, 사교계에 처음 나온 여인들 중 가장 인기 있는 여성과 대화를 나누었으며, 그들은 그를 매력적이라고 여겼다. 반면 흉조를 상징하는 미망인 같은 그의 부인은 샤프롱*들 사이에 앉아서, 이제는 춤 신청을 받지 못하는 상황을 도도함으로 위장한 채, 엄숙하지만 곤혹스러운, 그리고 책망하는 눈으로 그를 좇고 있었다.

"저기 봐," 사람들이 수군거렸다. "참 안된 일이야. 저 나이의 젊은 남자가 45세의 여성에게 묶여 있다니. 그는 그의 부인보다 20년은 더 어린 게 틀림없어." 그들은 잊고 있었다. 사람들은 필연적으로 잊어버리게 되지만, 과거 1880년에 그들의 어머니들과 아버지들 또한 이 똑같은, 잘 어울리지 않은 한 쌍에 대해 이야기 했었다는 것을.

가정에서 커져만 가는 벤자민의 불만은 그의 수많은 새로운 관심사로 보상되었다. 그는 골프에 빠졌고 대단한 성공을 거뒀다. 그는 춤에 열중해서 1906년 '더 보스톤'**의 전문가가 되었고, 1908년에는 '머시셔'***에 능숙하다고 여겨졌으며, 1909년 동안 그의 '캐슬 워크'****는 도시에 있는 모든 젊은이들의 부러움의 대상이 되었다.

물론 그의 사교 활동들은 어느 정도 사업에 방해가 되었

---

* 샤프롱(chaperon): 사교계에 나가는 젊은 여성의 보호자
** The Boston: 왈츠로 사교댄스의 일종
*** Maxine: 브라질 춤
**** Castle Walk: 춤의 일종

지만, 25년 동안 철물 도매사업에 매진해온 그는, 최근 하버드를 졸업한 그의 아들, 로스코에게 그의 사업을 곧 물려줄 수 있다고 느꼈다.

사실, 사람들은 종종 그와 그의 아들을 누가 누군지 혼동하기도 했다. 아메리카–에스파냐 전쟁에서 돌아온 직후 그를 덮쳤던 그 음흉한 공포심은 곧 잊은 채, 그는 사람들의 착각을 즐거워했고, 자신의 외모에서 단순한 즐거움마저 느끼게 되었다. 유일한 옥에 티가 있다면 그것은 그가 사람들 앞에 그의 부인과 함께 나타나는 것을 싫어했다는 것이다. 힐데가르드는 거의 50세였고 그녀의 모습은 그가 망측한 기분마저 들게 했다.

9

젊은 로스코 버튼이 로저 버튼 철물 도매사를 물려받고 나서 몇 년이 지난 1910년 9월 어느 날, 명백히 20세로 보이는 한 남자가 케임브리지의 하버드 대학에 신입생으로 입학했다. 그는 그가 다시는 50세가 되지 못한다는 말을 하는 실수를 범하지도 않았고, 그의 아들이 십 년 전에 같은 학교를 졸업했다는 사실을 언급하지도 않았다.

그는 입학허가를 받았고, 학우들 사이에서 즉각적으로 두드러진 지위를 얻게 되었는데, 얼마간은 평균 18세이던 다른 신입생들보다 그가 조금 더 나이 들어 보였기 때문이었다.

그러나 그의 성공은 주로 예일대와의 미식축구 경기 때문이었다. 그는 엄청난 돌진으로 운동장을 누볐고, 냉정하고 무자비한 분노로 하버드에 7번의 터치다운과 14번의 필드골을 안겨 주었으며, 이 와중에 예일대 학생 11명 전원이 한 명씩 정신을 잃은 채 경기장에서 실려 나가게 만들 정도로 눈부신 활약을 했다. 그는 대학에서 가장 유명한 사람이었다.

이상한 말이지만, 2학년과 3학년 기간 동안 그는 좀처럼

팀원으로서의 역할을 할 수 없었다. 코치들은 그가 살이 빠졌다고 말했으며, 좀더 관찰력이 뛰어난 코치들에게 그의 키는 이전만큼 커 보이지 않았다. 실제로 그는 터치다운을 해내지 못했다. 그는 팀에 잔류했지만 그의 어마어마한 명성이 예일대 팀에 공포와 분열을 가져다 줄 거라는 이유에서였다.

4학년 때 그는 아예 팀에 있을 수도 없었다. 그는 너무 가냘프고 빈약해져서 어느 날 몇몇 2학년생들이 그를 신입생으로 착각했고, 그 일로 그는 심한 모욕감을 느꼈다. 그는 일종의 신동이라고 알려졌는데, 16세도 안 되어 보이는 나이로 대학교 4학년이었기 때문이었다. 그리고 그는 종종

그의 반 친구들 중 일부의 발랑까진 태도에 충격을 느끼곤 했다. 학업은 점차 어렵게 느껴졌고, 그는 수업 내용이 너무 앞서간다고 느꼈다. 그는 같이 수업을 듣는 친구들이 유명한 예비 사립 고등학교인 성마이다스 학교에 대해 얘기하는 것을 들었다. 그곳은 많은 학생들이 대학 시험을 준비했던 곳이었다. 그는 졸업 후 그곳에 들어가기로 결심했다. 자신과 비슷한 크기의 소년들 사이에서 보호받는 생활이 그에게는 좀더 알맞은 것처럼 보여서였다.

1914년 졸업을 하자마자 그는 하버드 졸업장을 주머니에 넣고 볼티모어의 집으로 돌아갔다. 힐데가르드는 이태리에서 거주하고 있었으므로, 벤자민은 그의 아들 로스코와 함께 살게 되었다. 전반적으로는 그를 환영하는 분위기였지만 그를 향한 로스코의 감정에는 눈에 띌 정도로 진심이 없었다. 집안을 맥없이 돌아다니는 멍한 청소년, 벤자민을 아버지로 받아들여야 하는 아들의 입장에서, 벤자민을 다소 걸림돌로 여긴다는 것이 느껴질 정도의 태도였다. 로스코는 결혼했고, 볼티모어 사회에서 저명인사였다. 그는 그의 가족과 관련되어 흘러나오는 스캔들을 원치 않았다.

벤자민은 이제 막 사교계에 등장한 여성들에게나 어린 대학생들에게조차 더 이상 주목할 만한 상대가 못 되었기 때문에 이웃에 사는 서너 명의 15세 소년들과의 교제를 제외하고는 자신이 외롭게 남겨질 수밖에 없다는 사실을 깨닫게 되었다. 그래서 성마이다스 예비학교로 가야겠다는 생각이 다시금 그에게 떠올랐다.

"저기!" 어느 날 그는 로스코에게 말했다. "내가 고등학교에 가고 싶다고 몇 번이나 말했을 텐데."

"그럼, 가세요." 로스코가 짤막히 말했다. 그 문제는 그에게 불쾌했고 논의하는 것을 피하고 싶었다.

"난 혼자서 갈 수 없어." 벤자민이 난감한 표정으로 말했다. "네가 나를 입학시켜야 하고 그곳까지 데려다 줘야해."

"전 시간이 없네요." 로스코는 무뚝뚝하게 잘라 말했다.

그는 눈을 가늘게 뜨고는 거북한 듯이 그의 아버지를 바라보았다. "사실," 그가 덧붙였다. "더 이상 이 문제에 대해서는 논의하지 않는 것이 나을 것 같군요. 당장 그만 두는 것이 나아요. 그러는게... 그러는게..." 그는 할 말을 찾으면서 멈칫거렸고, 얼굴은 벌겋게 달아올랐다. "당장 돌아서서 물러나는 게 좋아. 이 일을 농담이라고 하기에는 정도가 너무 지나쳐. 이젠 더 이상 재밌지도 않아. 당신... 너 얌전히 굴어!"

벤자민은 눈물이 그렁그렁한 눈으로 그를 바라보았다.

"그리고 또 한 가지," 로스코가 말을 계속 이었다. "집에 손님들이 있을 때는 나를 로스코가 아니라 삼촌이라고 불렀으면 좋겠어. 삼촌, 알겠지? 15살짜리 소년이 나를 이름으로 부른다는 건 터무니없는 일이거든. 차라리 나를 삼촌이라고 항상 부르는 게 좋겠다. 그래야 네가 그것에 익숙해질테니."

그의 아버지를 근엄한 표정으로 바라보고는, 로스코는 돌아섰다.

10

대화를 끝내고 벤자민은 참담한 심정으로 위층을 돌아다니다가 거울에 비친 자신을 응시했다. 그는 3개월 동안 면도를 하지 않았지만, 건드릴 필요도 없는 하얀 솜털 외에는 아무것도 그의 얼굴에서 발견 할 수 없었다. 그가 하버드 재학시절 처음으로 집을 방문 했을 때, 로스코는 그가 안경을 써야하고, 뺨에 가짜 수염을 붙여야 한다고 꼬드겼다. 그의 인생 초창기에 벌였던 우스꽝스런 소동이 잠시 재현되는 듯했으나, 수염은 가려웠고, 그를 수치스럽게 만들었다. 그는 훌쩍거렸고 로스코는 마지못해 제안을 누그러뜨려야 했다.

벤자민은 '비미니 만의 보이스카웃'이라는 아동용 이야기책을 펼쳐 읽기 시작했다. 하지만 그는 전쟁에 대한 생각을 떨쳐버릴 수 없었다. 지난달에 미국은 연합군에 참전했고,[*] 벤자민은 입대하고 싶었으나 안타깝게도 16세가 입대를 위한 최소나이였다. 그는 그 정도로 나이가 들어 보이지 않았다. 그의 실제 나이인 57세도 어쨌든 입대하기에는 부

---

[*] 1917년 제1차 세계대전 당시 독일의 무제한잠수함 공격으로 미국이 피해를 입게 되자 미국의 월슨대통령은 독일과의 공식적인 관계단절을 국회에 공표하고 연합군으로 참전을 결정한다.

적합했을 것이다.

문 두드리는 소리가 났고 집사가 한 쪽 모퉁이에 공문 표시가 찍혀있는, 벤자민 앞으로 발송된 편지를 가지고 나타났다. 벤자민은 편지를 열의를 띤 채 뜯어보았고 기쁜 마음으로 내용을 읽었다. 그 편지는 아메리카-에스파냐 전쟁에 참전했던 많은 예비역 장교들이 더 높은 계급으로 다시 소집되어 복무한다는 내용을 그에게 알려주었다. 편지는 또한 그의 직위가 미 육군 준장이라는 임명장과 즉시 보고해야 할 명령들을 담고 있었다.

벤자민은 열정으로 몸을 떨면서 벌떡 일어났다. 이것이 바로 그가 원하던 것이었다. 그는 그의 모자를 집어 들었고 십 분 뒤에는 찰스가에 있는 커다란 양복점으로 들어가고 있었다. 그는 한없이 들뜬 상태로, 군복을 맞추기 위한 치수를 재줄 것을 요청했다.

"애야, 군인 놀이가 하고 싶은 거니?" 점원이 아무 생각없이 말했다.

벤자민의 얼굴이 붉어졌다. "이봐! 내가 뭘 하고 싶은지는 신경 쓰지 말라구." 그는 화가 나서 쏘아 붙였다. "내 이름은 버튼이고 마운트 버논 저택에 살고 있어. 그러니 당신도 내가 그럴 만한 돈이 있다는 건 알겠지."

"글쎄다." 점원은 주저하며 그의 말을 받아들였다. "만일 네가 돈이 없다면 너의 아버지가 있겠지, 알겠다."

벤자민은 치수를 쟀고, 일주일 후 그의 군복은 완성 되었다. 그는 적절한 준장 계급장을 얻는 데 어려움을 겪었는데, 그 점원이 멋진 Y.W.C.A.* 배지가 마찬가지로 보일뿐더러 가지고 놀기에 더 재밌다고 고집했기 때문이었다.

로스코에게는 아무 말도 하지 않은 채 벤자민은 어느 날 밤 집을 떠나 기차를 타고 남부 캘리포니아에 있는 모스비 기지로 향했다. 그곳은 그가 보병 여단을 지휘하기로 돼있는 곳이었다. 후텁지근한 4월 어느 날, 그는 기지의 입구에 도착했다. 그는 역에서부터 그를 실어다준 택시에 비용을 지불하고는 근무를 서고 있는 보초병을 향해 돌아섰다.

"내 짐을 운반할 사람 좀 불러." 그는 힘차게 말했다.

보초병은 나무라는 듯이 그를 쳐다보았다. "이봐," 그는 말했다. "애야, 그 가짜 준장 옷을 입고 어딜 가는 거니?"

아메리카–에스파냐 전(戰) 참전군인 벤자민은 이글거리

는 눈으로 그의 주위를 빙글빙글 돌았다. 하지만 아, 가엾게도 그의 목소리는 변성기도 지나지 않은 어린 아이의 높은 목소리로 변해있었다.

"차렷!" 그는 우렁찬 소리를 내려고 노력했다. 그가 숨을 쉬기 위해 잠시 멈추었을 때 그는 갑자기 그 보초병이 재빨리 뒤꿈치를 모은 채 받들어 총 자세를 취하는 것을 보았다. 벤자민은 만족감에 미소를 애써 감춰야했다. 하지만 주위를 슬쩍 돌아보았을 때 그의 미소는 사라졌다. 받들어 총 자세를 하게 만든 것은 그가 아니라 말을 타고 다가오고 있던 당당한 모습의 포병 대령 때문이었다.

"대령!" 벤자민이 날카롭게 말했다.

대령은 다가와서는 말고삐를 늦추고, 생기 있는 눈으로 침착하게 그를 내려다보았다. "누구 아들인고?" 그가 친절하게 물었다.

"내가 곧 누구 집 자식인지 확실히 알게 해주지." 벤자민은 격하게 흥분한 목소리로 쏘아붙였다. "말에서 내려와!"

대령은 크게 웃었다.

"너, 뭐냐, 장군이 되고 싶은 거니?"

"여기," 벤자민이 절망적으로 소리쳤다. "이걸 읽어봐." 그는 그의 임무 명령서를 대령을 향해 거칠게 내밀었다.

그것을 읽자 대령의 눈은 튀어나올 정도로 휘둥그레졌다.

"이거 어디서 났니?" 그는 그 문서를 그의 주머니에 슬쩍

집어넣으면서 물었다.

"당신이 곧 알게 되겠지만 난 그것을 정부로부터 받았어."

"날 따라 오너라." 장군이 묘한 표정을 띤 채 말했다. "본부로 올라가서 이것에 대해 좀더 얘기해 보자꾸나. 따라오너라."

대령은 방향을 돌려 본부 쪽으로 그의 말을 천천히 몰기 시작했다. 벤자민이 할 수 있는 일이라고는 가능한 위엄을 잃지 않은 채 그를 따라가는 것뿐이었다. 그리고 한편으로는 가차 없이 복수하리라 자신에게 다짐했다.

그러나 이번 복수는 실현되지 못했다. 이틀 후, 황급한 여행으로 기분이 몹시 언짢아진 그의 아들 로스코가 볼티모어로부터 나타나, 군복을 뺏긴 채 훌쩍이고 있는 준장을 그의 집으로 다시 데려갔다.

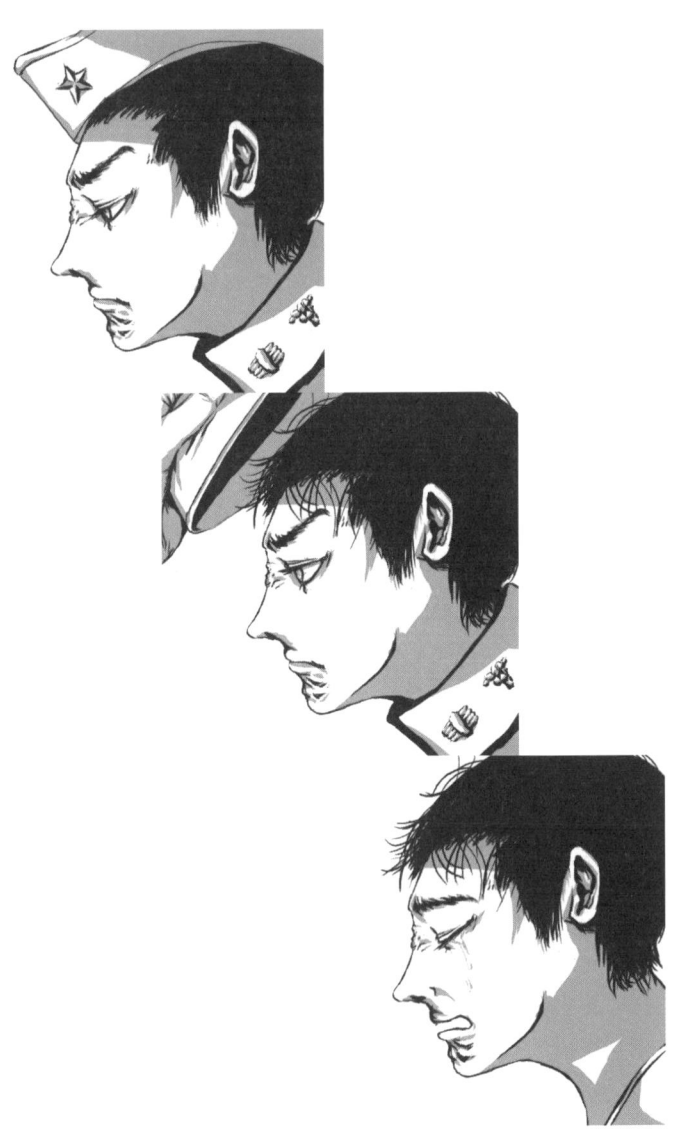

벤자민 버튼의 흥미로운 사건

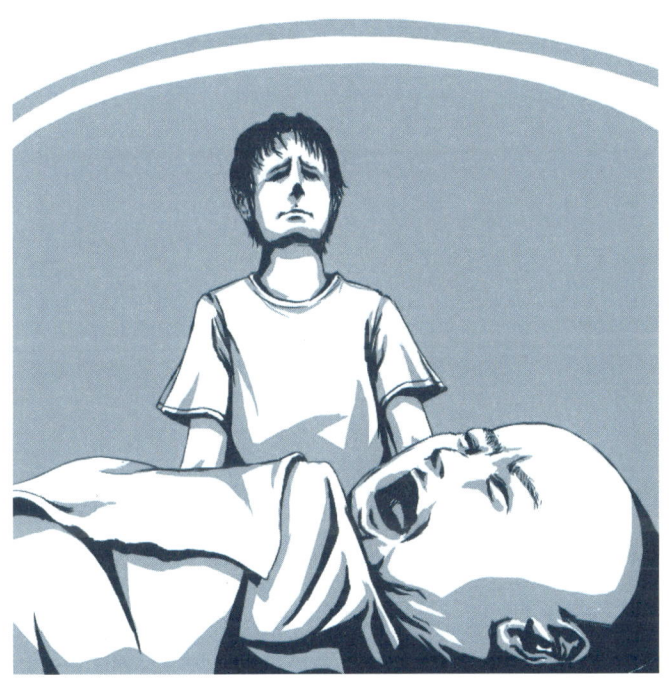

1920년 로스코 버튼의 첫 아이가 태어났다. 그러나 그에 따른 축하행사 기간 동안, 납으로 된 모형 군인과 서커스 장난감을 가지고 놀고 있는, 외관상 대략 10살로 보이는 작고 단정치 못한 한 소년이, 이 갓난아기의 친할아버지라는

'그 사실'을 언급할 생각은 아무도 못했다.

생기 넘치고 쾌활한 얼굴에 슬픈 기색이 엿보이는 그 어린 소년을 아무도 싫어하지는 않았다. 그러나 로스코 버튼에게 그의 존재는 고통의 근원이었다. 자신의 세대가 쓰는 표현으로, 로스코는 그 일을 '효율적'이지 않다고 여겼다.[*] 60세처럼 보이기를 거부하는 그의 아버지는 그에게 '붉은 피가 흐르는 사나이'답게 행동하지 않는 것 같아 보였다. 이것은 로스코가 가장 맘에 들어 하는 표현이었지만 그것은 그에게 너무나도 기묘하고 괴팍한 상황이었다. 실제로 30분 이상 그 문제에 대해 생각하는 것은, 그를 정신착란 직전까지 몰고 갔다. 로스코는 '전기가 통하는 전선들'이 그의 젊음을 유지한다고 믿었지만 그러한 잣대로 그 문제를 끄집어내는 것은, ... 그것은, ...그것은, 비효율적이었다. 그 지점에서 로스코는 더 이상 생각하기를 단념했다.

5년 뒤 로스코의 어린 아들은 같은 유모의 보살핌 아래 어린 벤자민과 어울려 놀 수 있을 만큼 충분히 자랐다. 로스코는 그들 둘을 같은 날 유치원에 넣었다. 벤자민은 작은 색종이 조각들을 가지고 돗자리나 사슬, 이상하고 아름다운 모형들을 만드는 것이 세상에서 가장 신나는 놀이라는 것을 알았다. 한번은 그가 못되게 굴어 구석에 서 있어야 했고 결국 그는 울음을 터트렸다. 하지만 대부분은 창문을

---

[*] 로스코는 제1차 세계대전 직후부터 대공황 직전까지(1918-1929)의 자본가를 대변한다. 그들은 경제적인 대번영을 누리며 모든 것을 대량생산을 위한 효율(efficient)과 비효율(inefficient)로 이분화했으며, 이는 1929년 뉴욕증시 붕괴로 시작된 대공황의 씨앗이었다.

통해 들어오는 햇살이 있고, 그의 헝클어진 머리 위에서 멈추곤 하는 미스 베일리의 친절한 손길이 있는 쾌활한 방에서 즐거운 시간을 보냈다.

　로스코의 아들은 일 년 후 상급학년으로 진학했지만 벤자민은 유치원에 머물러 있었다. 그는 행복했다. 가끔 다른 꼬마들이 나중에 크면 뭐가 되고 싶은지에 대해 이야기 할 때, 그의 작은 얼굴에 그림자가 지곤 했다. 막연하고 유치한 생각으로나마, 그가 그런 것들을 결코 공유하지 못하리라는 것을 알아버린 듯했다.

단조로운 날들이 흘러갔다. 그는 유치원 3학년으로 다시 되돌아갔지만 밝게 빛나는 종이조각들이 무엇에 쓰이는 것인지를 이해하기에는 너무 어렸다. 그는 울음을 터뜨렸는데 왜냐하면 다른 소년들이 그보다 덩치가 컸고 그는 그들이 무서웠기 때문이었다. 선생님이 그에게 말을 했지만, 이해를 하려고 노력했음에도 불구하고 그는 전혀 이해할 수가 없었다.

그는 유치원을 떠나야 했다. 풀을 먹인 깅엄* 드레스를 입은 그의 유모 나나가 그의 작은 세상의 중심이 되었다. 화창한 날이면 그들은 공원을 걸었다. 나나가 커다랗고 회색인 괴상한 것을 가리키며 "코끼리"라고 말하면, 벤자민은 그녀를 따라 말하곤 했다. 그리고 그날 밤 그가 잠자리에 들기 위해 옷을 벗을 때, 그는 유모에게 "코끼리, 코끼리, 코끼리"하고 계속해서 말하곤 했다. 때때로 나나는 그가 침대에서 뛰는 것을 허락했는데 그것은 무척 재미나는 일이었다. 왜냐하면 똑바로 앉은 자세로 침대에 떨어지면 몸이 튕겨져 두 발로 다시 설 수 있었고, 뛰는 동안 "아" 하고 길게 말하면 재미있게 끊기는 소리가 나기 때문이었다.

그는 모자걸이에서 커다란 지팡이를 가져다가 의자나 탁자들을 때리며 "싸워, 싸워, 싸워"라고 말하며 돌아다니는 것을 좋아했다. 사람들이 있을 때 나이든 숙녀들은 혀를 끌끌 차며 그를 쳐다보곤 했는데 그것이 그의 흥미를 자아냈

---

* 깅엄(gingham):줄무늬나 바둑판무늬

고 젊은 숙녀들이 그에게 입 맞추려고 하면 그는 다소 지루한 듯이 받아주곤 했다. 긴 하루가 다섯 시에 끝날 때 그는 나나와 위층에 올라가 오트밀이나 부드럽고 걸죽한 음식을 스푼으로 받아먹곤 했다.

그의 어린아이 같은 잠 속에는 좋지 않은 추억이란 없었다. 용감했던 대학시절이나 많은 소녀들의 마음을 빼앗곤 했던 화려한 시절들에 대한 징표도 없었다. 오직 요람의 하얗고 안전한 벽, 나나, 가끔 그를 보러오는 한 남자, 그리고 땅거미 질 무렵 잠자리에 들기 전 나나가 손으로 가리키는 커다랗고 큰 오렌지색 공만 있을 뿐이었다. 그것의 이름은 '해'라고 했다. 해가 졌을 때, 그의 눈에는 졸음이 가득했고 그에게는 나타날 어떤 꿈도 없었다.

지난 일들— 산 후안 언덕 위에서 그의 부하들 선두에 서서 지휘했던 격렬한 공격, 그가 사랑했던 힐데가르드를 위해 부산한 도시에서 여름 해가 질 때까지 일하곤 했던 결혼 초창기, 더 오래 전, 그가 먼로 가에 있던 우중충하고 오래된 버튼가에서 그의 할아버지와 밤늦도록 담배를 피우며 앉아 있던 일, 이 모든 일들이 마치 결코 존재하지도 않았다는 듯이 실체 없는 꿈처럼 그의 정신 속에서 희미해져 갔다.

그는 기억하지 못했다. 그는 마지막으로 먹여졌던 우유가 따뜻했었는지 차가웠었는지 또는 하루가 어떻게 지나갔는지 기억하지 못했다. 오직 그의 요람과 나나의 익숙한 존재

벤자민 버튼의 흥미로운 사건

감만이 있었다. 그리고 결국 그는 아무것도 기억하지 못했다. 배가 고플 때 그는 울었고, 그게 전부였다. 낮과 밤 내내 그는 숨을 쉬었고, 그의 위로는 좀처럼 알아들을 수 없는 부드러운 웅얼거림들과 희미하게 다른 냄새들 그리고 밝음과 어둠만이 있었다.

  그러다 결국 온통 어둠뿐이었다. 그리고 그의 하얀 요람과 그 위에서 움직이는 희미한 얼굴들 그리고 우유의 따뜻하고 달콤한 향들도 전부 그의 마음에서 사라져 갔다.

The End

옮긴이의 글

'인생에서 최고의 순간이 시작과 함께 오고, 최악의 순간이 마지막에 온다는 것은 유감스러운 일이다'

위대한 개츠비의 작가 피츠제럴드는 과연 이 말에서 어떤 영감을 받은 것일까? 이 한 편의 지독한 블랙코미디의 시작점이 된 마크 트웨인의 말은 읽는 사람 저마다의 경험과 주관에 따라 다양하게 해석될 수 있을 것이다. 그리고 인간의 삶에서 떼려야 뗄 수 없는 관심사이자 주제인 '나이 듦'에 대한 언급이란 점에서 우리 역시 피츠제럴드와 같은 상념에 빠져들 수밖에 없다.

피츠제럴드는 벤자민 버튼이라는 나이를 거꾸로 먹는 한 남자의 일생을 통해 '나이 듦'에 관한 어떤 보편적인 진리를 전달하려 하고 있다. 이런 황당한 이야기가 마치 실제와 같은 보편성을 획득하는 이유는 아마도 두 가지일 것이다. 첫째는 피츠제럴드의 문장력이다. 심플한 글쓰기의 대명사격인 무라카미 하루키가 경탄해마지 않는 명문장가 피츠제럴드의 저력이 이 짧은 소설에서도 유감없이 드러난다. 우리는 '어떻게 벤자민의 어머니는 그 커다란 노인을 낳았을까?' 등의 과학적이거나 객관적인 부분을 꼬치꼬치 따져 물을 겨를도 없이 그의 한 문장에 웃음 짓고, 어떤 생생한 장면을 떠올리며, 깊은 사색에 빠진다. 이 글을 번역하며 원문의 간결한 문체에 군더더기를 붙이지 않으면서도 어떻게 하면 그 정확한 뜻을 우리말로 옮길까, 무척 고민스러웠다. 가지고 있는 역량을 다해 작업을 했지만 분명 부족한 점이 있으리라 생각된다. 마침 이 책은 번역본과 원문을 동시에 싣고 있어 번역본의 부족함을 독자 스스로 채워 나갈 수도 있을 것이다.

두 번째 이유는 노인으로 태어나 아기로 죽는 이 역설적인 상황 속에서도 인간의 삶은 그렇게 달라보이지 않는다는 점이다. 서로에 대한 애정이 서서히 식어가는 중년부부, 아버지와 아들의 세대 갈등, 나이에 따른 주변의 시선 등등, 점점 젊어지는 벤자민의 일생은 점점 늙어가는 보통 사람들의 삶과 다르지 않다. 다만 시간적 흐름이 역순이다 보니 가끔씩 우스꽝스러운 상황이 연출될 뿐이다. 오히려 우리는 그런 우스꽝스러운 상황을 통해 평소에는 알아채지 못했던 인생의 진실을 더욱 확연히 들여다 볼 수 있는 기회를 얻게 된다. 때문에 이 소설은 웃기면서도 마냥 웃을 수 없는 블랙코미디가 되는 것이다. 만약 이 소설이 판타지였다면 벤자민은 그의 최고 전성기인 35세쯤, 즉 신체적 나이와 정신적 나이가 일치하는 순간에 나이의 흐름을 멈췄어야 했을 것이다. 벤자민 자신도 그렇게 원했던 것처럼 말이다.

피츠제럴드는 이 소설을 쓸 당시 아직 26세였다. 그의 전기를 보면 그는 아름다움과 젊음에 관심이 많았다고 한다. 더욱이 작가가 이 작품을 썼던 시기는 미국에서 '재즈시대(The Jazz Age)'라 불리는 시기였다. 재즈시대는 1차 세계대전 직후부터 대공황 직전까지 풍요로움과 화려함으로 가득 찼던 시기로, 인생의 가장 꽃다운 나이에 가장 화려했던 시절을 살았던 피츠제럴드에게 아마도 시간의 흐름만큼 두려운 것은 없었을 것이다. 그것이 정상적으로 흐르든 거꾸로 흐르든 인생과 세월의 전성기로부터 떠나야 한다는 사실에는 어떤 차이도 없으니까...... 그것은 마치 대공황으로 일순간에 무너진 재즈시대의 거품과도 너무나 흡사한 것이다.

하지만 이 글을 번역하면서 지금의 인생 흐름이 나에게는 더욱 고맙다는 결론을 내렸다. 나이가 들어 육체는 초라해지겠지만 그만큼의 지혜와 마음 묵직한 추억들이 나에게 남겨지리라 믿기 때문이다. 독자 여러분은 어떤 생각이실지 자못 궁금해진다.

반갑게도 이 작품의 영화화 소식이 있다. 그것도 주인공이 브래드 피트다! 물론 그는 벤자민 버튼 역을 연기한다. 감독은 "세븐"과 "파이트 클럽"으로 유명한 데이비드 핀처다. 개인적으로 무척 좋아하는 배우와 감독이 과연 어떠한 방식으로 벤자민의 '흥미로운 사건'을 풀어나갈지 벌써부터 궁금해진다. 이 영화는 브래드 피트가 어떻게 70살 노인에서 갓난아기까지의 연령대를 연기할 것인지가 관건인데 자료를 조사해보니 비슷한 외모의 아역을 이용하는 식상한 방식이 아니라, 브래드 피트를 연령별로 CG작업해서 화면

에 등장시킬 거라고 한다. 그의 갓난아기 얼굴은 어떨지, 그
것만으로도 기대되는 영화다. 올해 미국에서 개봉한다니
우리나라에서도 곧 볼 수 있기를 기대해 본다.

2008년 1월
공지은

책 반대편부터 펼치면 영어 원문을 읽을 수 있습니다.

The Curious Case of Benjamin Button

by F. Scott Fitzgerald

This story was inspired by a remark of Mark Twain's to the effect that it was a pity that the best part of life came at the beginning and the worst part at the end. By trying the experiment upon only one man in a perfectly normal world I have scarcely given his idea a fair trial. Several weeks after completing it, I discovered an almost identical plot in Samuel Butler's "Note-books."

The story was published in *"Collier's"* last summer and provoked this startling letter from an anonymous admirer in Cincinnati:

"Sir--

I have read the story Benjamin Button in *Collier's* and I wish to say that as a short story writer you would make a good lunatic. I have seen many pieces of cheese in my life but of all the pieces of cheese I have ever seen you are the biggest piece. I hate to waste a piece of stationary on you but I will."

I

1

As long ago as 1860 it was the proper thing to be born at home. At present, so I am told, the high gods of medicine have decreed that the first cries of the young shall be uttered upon the anaesthetic air of a hospital, preferably a fashionable one. So young Mr. and Mrs. Roger Button were fifty years ahead of style when they decided, one day in the summer of 1860, that their first baby should be born in a hospital. Whether this anachronism had any bearing upon the astonishing history I am about to set down will never be known.

I shall tell you what occurred, and let you judge for yourself.

The Roger Buttons held an enviable position, both social and financial, in ante-bellum Baltimore. They were related to the This Family

and the That Family, which, as every Southerner knew, entitled them to membership in that enormous peerage which largely populated the Confederacy. This was their first experience with the charming old custom of having babies—Mr. Button was naturally nervous. He hoped it would be a boy so that he could be sent to Yale College in Connecticut, at which institution Mr. Button himself had been known for four years by the somewhat obvious nickname of "Cuff."

On the September morning consecrated to the enormous event he arose nervously at six o' clock dressed himself, adjusted an impeccable stock, and hurried forth through the streets of Baltimore to the hospital, to determine whether the darkness of the night had borne in new life upon its bosom.

When he was approximately a hundred yards from the Maryland Private Hospital for Ladies and Gentlemen he saw Doctor Keene, the family physician, descending the front steps, rubbing his hands together with a washing movement—as all doctors are required to do by the unwritten ethics

of their profession.

Mr. Roger Button, the president of Roger Button & Co., Wholesale Hardware, began to run toward Doctor Keene with much less dignity than was expected from a Southern gentleman of that picturesque period. "Doctor Keene!" he called. "Oh, Doctor Keene!"

The doctor heard him, faced around, and stood waiting, a curious expression settling on his harsh, medicinal face as Mr. Button drew near.

"What happened?" demanded Mr. Button, as he came up in a gasping rush. "What was it? How is she? A boy? Who is it? What—"

"Talk sense!" said Doctor Keene sharply. He appeared somewhat irritated.

"Is the child born?" begged Mr. Button.

Doctor Keene frowned. "Why, yes, I suppose so—after a fashion." Again he threw a curious glance at Mr. Button.

"Is my wife all right?"

"Yes."

"Is it a boy or a girl?"

"Here now!" cried Doctor Keene in a perfect

passion of irritation, "I'll ask you to go and see for yourself. Outrageous!" He snapped the last word out in almost one syllable, then he turned away muttering: "Do you imagine a case like this will help my professional reputation? One more would ruin me—ruin anybody."

"What's the matter?" demanded Mr. Button, appalled. "Triplets?"

"No, not triplets!" answered the doctor

cuttingly. "What's more, you can go and see for yourself. And get another doctor. I brought you into the world, young man, and I've been physician to your family for forty years, but I'm through with you! I don't want to see you or any of your relatives ever again! Good-bye!"

Then he turned sharply, and without another word climbed into his phaeton, which was waiting at the curbstone, and drove severely away.

Mr. Button stood there upon the sidewalk, stupefied and trembling from head to foot. What horrible mishap had occurred? He had suddenly lost all desire to go into the Maryland Private Hospital for Ladies and Gentlemen—it was with the greatest difficulty that, a moment later, he forced himself to mount the steps and enter the front door.

A nurse was sitting behind a desk in the opaque gloom of the hall. Swallowing his shame, Mr. Button approached her.

"Good-morning," she remarked, looking up at him pleasantly.

"Good-morning. I—I am Mr. Button."

At this a look of utter terror spread itself over girl's face. She rose to her feet and seemed about to fly from the hall, restraining herself only with the most apparent difficulty.

"I want to see my child," said Mr. Button.

The nurse gave a little scream. "Oh—of course!" she cried hysterically. "Upstairs. Right upstairs. Go—up!"

She pointed the direction, and Mr. Button, bathed in cool perspiration, turned falteringly, and began to mount to the second floor. In the upper hall he addressed another nurse who approached him, basin in hand. "I'm Mr. Button," he managed to articulate. "I want to see my——"

Clank! The basin clattered to the floor and rolled in the direction of the stairs. Clank! Clank! It began a methodical descent as if sharing in the general terror which this gentleman provoked.

"I want to see my child!" Mr. Button almost shrieked. He was on the verge of collapse.

Clank! The basin reached the first floor. The nurse regained control of herself, and threw Mr. Button a look of hearty contempt.

"All right, Mr. Button," she agreed in a hushed voice. "Very well! But if you knew what a state it's put us all in this morning! It's perfectly outrageous! The hospital will never have a ghost of a reputation after——"

"Hurry!" he cried hoarsely. "I can't stand this!"

"Come this way, then, Mr. Button."

He dragged himself after her. At the end of a long hall they reached a room from which proceeded a variety of howls—indeed, a room which, in later parlance, would have been known as the "crying-room." They entered. Ranged around the walls were half a dozen white-enameled rolling cribs, each with a tag tied at the head.

"Well," gasped Mr. Button, "which is mine?"

"There!" said the nurse.

Mr. Button's eyes followed her pointing finger, and this is what he saw. Wrapped in a voluminous white blanket, and partly crammed into one of the cribs, there sat an old man apparently about seventy years of age. His sparse hair was almost white, and from his chin dripped a long smoke-

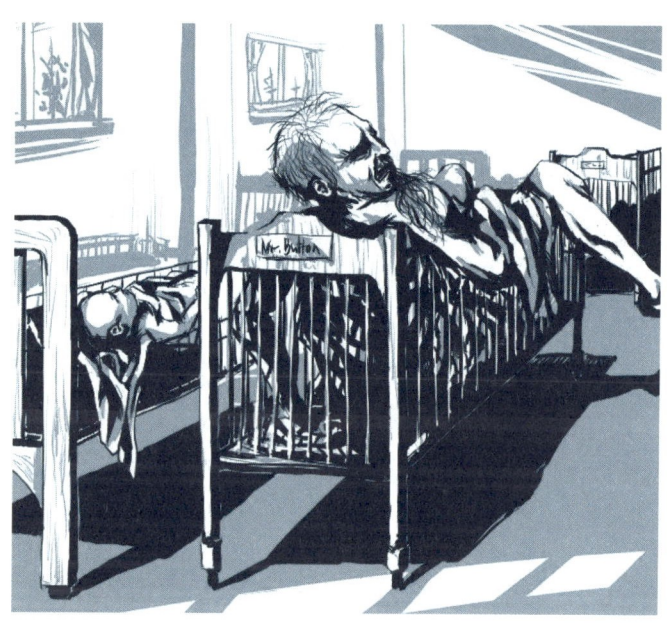

coloured beard, which waved absurdly back and forth, fanned by the breeze coming in at the window. He looked up at Mr. Button with dim, faded eyes in which lurked a puzzled question.

"Am I mad?" thundered Mr. Button, his terror resolving into rage. "Is this some ghastly hospital joke?

"It doesn't seem like a joke to us," replied the nurse severely. "And I don't know whether you're mad or not—but that is most certainly your child."

The cool perspiration redoubled on Mr. Button's forehead. He closed his eyes, and then, opening them, looked again. There was no mistake—he was gazing at a man of threescore and ten—a baby of threescore and ten, a baby whose feet hung over the sides of the crib in which it was reposing.

The old man looked placidly from one to the other for a moment, and then suddenly spoke in a cracked and ancient voice. "Are you my father?" he demanded.

Mr. Button and the nurse started violently.

"Because if you are," went on the old man querulously, "I wish you'd get me out of this place—or, at least, get them to put a comfortable rocker in here."

"Where in God's name did you come from? Who are you?" burst out Mr. Button frantically.

"I can't tell you exactly who I am," replied the querulous whine, "because I've only been born a few hours—but my last name is certainly Button."

"You lie! You're an impostor!"

The old man turned wearily to the nurse.

"Nice way to welcome a new-born child," he complained in a weak voice. "Tell him he's wrong, why don't you?"

"You're wrong. Mr. Button," said the nurse severely. "This is your child, and you'll have to make the best of it. We're going to ask you to take him home with you as soon as possible-some time today."

"Home?" repeated Mr. Button incredulously.

"Yes, we can't have him here. We really can't, you know?"

"I'm right glad of it," whined the old man. "This is a fine place to keep a youngster of quiet tastes. With all this yelling and howling, I haven't been able to get a wink of sleep. I asked for something to eat"—here his voice rose to a shrill note of protest—"and they brought me a bottle of milk!"

Mr. Button, sank down upon a chair near his son and concealed his face in his hands. "My heavens!" he murmured, in an ecstasy of horror. "What will people say? What must I do?"

"You'll have to take him home," insisted the

nurse—"immediately!"

A grotesque picture formed itself with dreadful clarity before the eyes of the tortured man—a picture of himself walking through the crowded streets of the city with this appalling apparition stalking by his side. "I can't. I can't," he moaned.

People would stop to speak to him, and what was he going to say? He would have to introduce this—this septuagenarian: "This is my son, born early this morning." And then the old man would gather his blanket around him and they would plod on, past the bustling stores, the slave market—for a dark instant Mr. Button wished passionately that his son was black—past the luxurious houses of the residential district, past the home for the aged....

"Come! Pull yourself together," commanded the nurse.

"See here," the old man announced suddenly, "if you think I'm going to walk home in this blanket, you're entirely mistaken."

"Babies always have blankets."

With a malicious crackle the old man held up

a small white swaddling garment. "Look!" he quavered. "This is what they had ready for me."

"Babies always wear those," said the nurse primly.

"Well," said the old man, "this baby's not going to wear anything in about two minutes. This blanket itches. They might at least have given me a sheet."

"Keep it on! Keep it on!" said Mr. Button hurriedly. He turned to the nurse. "What'll I do?"

"Go down town and buy your son some

clothes."

Mr. Button's son's voice followed him down into the hall: "And a cane, father. I want to have a cane."

Mr. Button banged the outer door savagely....

2

"Good-morning," Mr. Button said nervously, to the clerk in the Chesapeake Dry Goods Company. "I want to buy some clothes for my child."

"How old is your child, sir?"

"About six hours," answered Mr. Button, without due consideration.

"Babies' supply department in the rear."

"Why, I don't think—I'm not sure that's what I want. It's—he's an unusually large-size child. Exceptionally—ah— large."

"They have the largest child's sizes."

"Where is the boys' department?" inquired Mr. Button, shifting his ground desperately. He felt that the clerk must surely scent his shameful secret.

"Right here."

"Well—" He hesitated. The notion of dressing his son in men's clothes was repugnant to him.

If, say, he could only find a very large boy's suit, he might cut off that long and awful beard, dye the white hair brown, and thus manage to conceal the worst, and to retain something of his own self-respect—not to mention his position in Baltimore society.

But a frantic inspection of the boys' department revealed no suits to fit the new-born Button. He blamed the store, of course—-in such cases it is the thing to blame the store.

"How old did you say that boy of yours was?" demanded the clerk curiously.

"He's—sixteen."

"Oh, I beg your pardon. I thought you said six hours. You'll find the youths' department in the next aisle."

Mr. Button turned miserably away. Then he stopped, brightened, and pointed his finger toward a dressed dummy in the window display. "There!" he exclaimed. "I'll take that suit, out there on the dummy."

The clerk stared. "Why," he protested, "that's not a child's suit. At least it is, but it's for fancy

dress. You could wear it yourself!"

"Wrap it up," insisted his customer nervously. "That's what I want."

The astonished clerk obeyed.

Back at the hospital Mr. Button entered the nursery and almost threw the package at his son. "Here's your clothes," he snapped out.

The old man untied the package and viewed the contents with a quizzical eye.

"They look sort of funny to me," he complained, "I don't want to be made a monkey of—"

"You've made a monkey of me!" retorted Mr. Button fiercely. "Never you mind how funny you

look. Put them on—or I'll—or I'll spank you."
He swallowed uneasily at the penultimate word,
feeling nevertheless that it was the proper thing to
say.

"All right, father"—this with a grotesque
simulation of filial respect—"you've lived longer;
you know best. Just as you say."

As before, the sound of the word "father" caused
Mr. Button to start violently.

"And hurry."

"I'm hurrying, father."

When his son was dressed
Mr. Button regarded him
with depression. The
costume consisted of dotted
socks, pink pants, and a
belted blouse with a wide
white collar. Over the latter
waved the long whitish
beard, drooping almost to
the waist. The effect was not
good.

"Wait!"

Mr. Button seized a hospital shears and with three quick snaps amputated a large section of the beard. But even with this improvement the ensemble fell far short of perfection. The remaining brush of scraggly hair, the watery eyes, the ancient teeth, seemed oddly out of tone with the gaiety of the costume. Mr. Button, however, was obdurate—he held out his hand. "Come along!" he said sternly.

His son took the hand trustingly. "What are

you going to call me, dad?" he quavered as they walked from the nursery—"just 'baby' for a while? till you think of a better name?"

Mr. Button grunted. "I don't know," he answered harshly. "I think we'll call you Methuselah."

3

Even after the new addition to the Button family had had his hair cut short and then dyed to a sparse unnatural black, had had his face shaved so close that it glistened, and had been attired in small-boy clothes made to order by a flabbergasted tailor, it was impossible for Button to ignore the fact that his son was a poor excuse for a first family baby. Despite his aged stoop, Benjamin Button—for it was by this name they called him instead of by the appropriate but invidious Methuselah—was five feet eight inches tall. His clothes did not conceal this, nor did the clipping and dyeing of his eyebrows disguise the fact that the eyes underneath were faded and watery and tired. In fact, the baby-nurse who had been engaged in advance left the house after one look, in a state of considerable indignation.

But Mr. Button persisted in his unwavering

purpose. Benjamin was a baby, and a baby he should remain. At first he declared that if Benjamin didn't like warm milk he could go without food altogether, but he was finally prevailed upon to allow his son bread and butter, and even oatmeal by way of a compromise.

One day he brought home a rattle and, giving it to Benjamin, insisted in no uncertain terms that

he should "play with it," whereupon the old man took it with a weary expression and could be heard jingling it obediently at intervals throughout the day.

There can be no doubt, though, that the rattle bored him, and that he found other and more soothing amusements when he was left alone. For instance, Mr. Button discovered one day that during the preceding week he had smoked more cigars than ever before—a phenomenon, which was explained a few days later when, entering the nursery unexpectedly, he found the room full of faint blue haze and Benjamin, with a guilty expression on his face, trying to conceal the butt of a dark Havana. This, of course, called for a severe spanking, but Mr. Button found that he could not bring himself to administer it. He merely warned his son that he would "stunt his growth."

Nevertheless he persisted in his attitude. He brought home lead soldiers, he brought toy trains, he brought large pleasant animals made of cotton, and, to perfect the illusion which he was creating—for himself at least—he passionately demanded of the clerk in the toy-store whether "the paint would come off the pink duck if the baby put it in his mouth." But, despite all his

father's efforts, Benjamin refused to be interested. He would steal down the back stairs and return to the nursery with a volume of the "Encyclopedia Britannica," over which he would pore through an afternoon, while his cotton cows and his Noah's ark were left neglected on the floor. Against such a stubbornness Mr. Button's efforts were of little avail.

The sensation created in Baltimore was, at first, prodigious. What the mishap would have cost the Buttons and their kinsfolk socially cannot be determined, for the outbreak of the Civil War drew the city's attention to other things. A few people who were unfailingly polite racked their brains for compliments to give to the parents—and finally hit upon the ingenious device of declaring that the baby resembled his grandfather, a fact which, due to the standard state of decay common to all men of seventy, could not be denied. Mr. and Mrs. Roger Button were not pleased, and Benjamin's grandfather was furiously insulted.

Benjamin, once he left the hospital, took life as he found it. Several small boys were brought to see

him, and he spent a stiff-jointed afternoon trying to work up an interest in tops and marbles— he even managed, quite accidentally, to break a kitchen window with a stone from a sling shot, a feat which secretly delighted his father.

Thereafter Benjamin contrived to break something every day, but he did these things only because they were expected of him, and because he was by nature obliging.

When his grandfather's initial antagonism wore off, Benjamin and that gentleman took enormous pleasure in one another's company. They would sit for hours, these two so far apart in age and experience, and, like old cronies, discuss with tireless monotony the slow events of the day. Benjamin felt more at ease in his grandfather's presence than in his parents'—they seemed always somewhat in awe of him and, despite the dictatorial authority they exercised over him, frequently addressed him as "Mr."

He was as puzzled as anyone else at the apparently advanced age of his mind and body at birth. He read up on it in the medical journal,

but found that no such case had been previously recorded. At his father's urging he made an honest attempt to play with other boys, and frequently he joined in the milder games—football shook him up too much, and he feared that in case of a fracture his ancient bones would refuse to knit.

When he was five he was sent to kindergarten, where he was initiated into the art of pasting green paper on orange paper, of weaving coloured maps and manufacturing eternal cardboard necklaces. He was inclined to drowse off to sleep in the middle of these tasks, a habit which both irritated and frightened his young teacher. To his relief she complained to his parents, and he was removed from the school. The Roger Buttons told their friends that they felt he was too young.

By the time he was twelve years old his parents had grown used to him. Indeed, so strong is the force of custom that they no longer felt that he was different from any other child—except when some curious anomaly reminded them of the fact. But one day a few weeks after his twelfth birthday, while looking in the mirror, Benjamin made, or thought he made, an astonishing discovery. Did his eyes deceive him, or had his hair turned in the dozen years of his life from white to iron-gray under its concealing dye? Was the network of wrinkles on his face becoming less pronounced? Was his skin healthier and firmer, with even a

touch of ruddy winter colour? He could not tell. He knew that he no longer stooped, and that his physical condition had improved since the early days of his life.

"Can it be––?" he thought to himself, or, rather, scarcely dared to think.

He went to his father. "I am grown," he announced determinedly. "I want to put on long trousers."

His father hesitated. "Well," he said finally, "I don't know. Fourteen is the age for putting on long trousers—and you are only twelve."

"But you'll have to admit," protested Benjamin, "that I'm big for my age."

His father looked at him with illusory speculation. "Oh, I'm not so sure of that," he said. "I was as big as you when I was twelve."

This was not true—it was all part of Roger Button's silent agreement with himself to believe in his son's normality.

Finally a compromise was reached. Benjamin was to continue to dye his hair. He was to make a better attempt to play with boys of his own age.

He was not to wear his spectacles or carry a cane in the street. In return for these concessions he was allowed his first suit of long trousers....

4

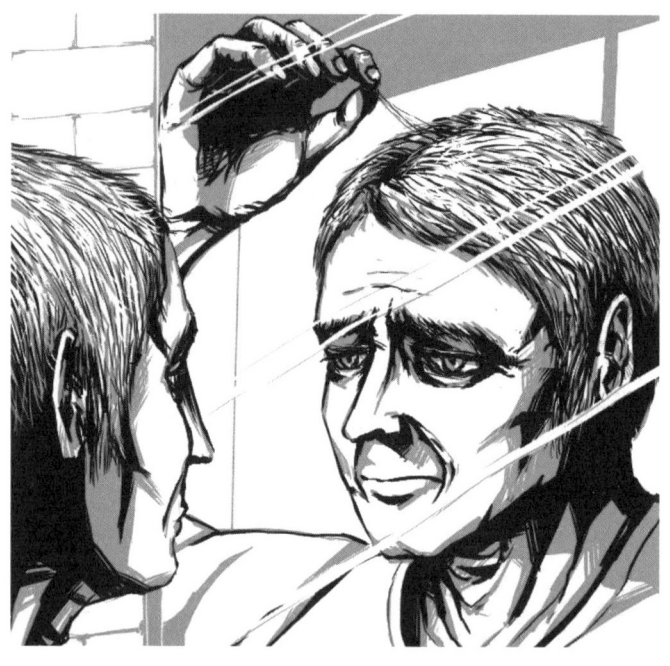

Of the life of Benjamin Button between his twelfth and twenty-first year I intend to say little. Suffice to record that they were years of normal

ungrowth. When Benjamin was eighteen he was erect as a man of fifty; he had more hair and it was of a dark gray; his step was firm, his voice had lost its cracked quaver and descended to a healthy baritone. So his father sent him up to Connecticut to take examinations for entrance to Yale College. Benjamin passed his examination and became a member of the freshman class.

On the third day following his matriculation he received a notification from Mr. Hart, the college registrar, to call at his office and arrange his schedule. Benjamin, glancing in the mirror, decided that his hair needed a new application of its brown dye, but an anxious inspection of his bureau drawer disclosed that the dye bottle was not there. Then he remembered—he had emptied it the day before and thrown it away.

He was in a dilemma. He was due at the registrar's in five minutes. There seemed to be no help for it—he must go as he was. He did.

"Good-morning," said the registrar politely. "You've come to inquire about your son."

"Why, as a matter of fact, my name's

Button——" began Benjamin, but Mr. Hart cut him off.

"I'm very glad to meet you, Mr. Button. I'm expecting your son here any minute."

"That's me!" burst out Benjamin. "I'm a freshman."

"What!"

"I'm a freshman."

"Surely you're joking."

"Not at all."

The registrar frowned and glanced at a card before him. "Why, I have Mr. Benjamin Button's age down here as eighteen."

"That's my age," asserted Benjamin, flushing slightly.

The registrar eyed him wearily. "Now surely, Mr. Button, you don't expect me to believe that."

Benjamin smiled wearily. "I am eighteen," he repeated.

The registrar pointed sternly to the door. "Get out," he said. "Get out of college and get out of town. You are a dangerous lunatic."

"I am eighteen."

Mr. Hart opened the door. "The idea!" he shouted. "A man of your age trying to enter here as a freshman. Eighteen years old, are you? Well, I'll give you eighteen minutes to get out of town."

Benjamin Button walked with dignity from the room, and half a dozen undergraduates, who were waiting in the hall, followed him curiously with their eyes. When he had gone a little way he turned around, faced the infuriated registrar, who was still standing in the door-way, and repeated in a firm voice: "I am eighteen years old."

To a chorus of titters which went up from the group of undergraduates, Benjamin walked away.

But he was not fated to escape so easily. On his melancholy walk to the railroad station he found that he was being followed by a group, then by a swarm, and finally by a dense mass of undergraduates. The word had gone around that a lunatic had passed the entrance examinations for Yale and attempted to palm himself off as a youth of eighteen. A fever of excitement permeated the college. Men ran hatless out of classes, the football team abandoned its practice and joined the mob, professors' wives with bonnets awry and bustles out of position, ran shouting after the procession, from which proceeded a continual succession of remarks aimed at the tender sensibilities of Benjamin Button.

"He must be the wandering Jew!"

"He ought to go to prep school at his age!"

"Look at the infant prodigy!"

"He thought this was the old men's home."

"Go up to Harvard!"

Benjamin increased his gait, and soon he was

running. He would show them! He would go to Harvard, and then they would regret these ill-considered taunts!

Safely on board the train for Baltimore, he put

his head from the window. "You'll regret this!" he shouted.

"Ha-ha!" the undergraduates laughed. "Ha-ha-ha!" It was the biggest mistake that Yale College had ever made....

5

In 1880 Benjamin Button was twenty years old, and he signalized his birthday by going to work for his father in Roger Button & Co., Wholesale Hardware. It was in that same year that he began "going out socially"—that is, his father insisted on taking him to several fashionable dances. Roger Button was now fifty, and he and his son were more and more companionable—in fact, since Benjamin had ceased to dye his hair (which was still grayish) they appeared about the same age, and could have passed for brothers.

One night in August they got into the phaeton attired in their full-dress suits and drove out to a dance at the Shevlins' country house, situated just outside of Baltimore. It was a gorgeous evening. A full moon drenched the road to the lustreless colour of platinum, and late-blooming harvest flowers breathed into the motionless air aromas

that were like low, half-heard laughter. The open country, carpeted for rods around with bright wheat, was translucent as in the day. It was almost impossible not to be affected by the sheer beauty of the sky—almost.

"There's a great future in the dry-goods business," Roger Button was saying. He was not a spiritual man—his aesthetic sense was

rudimentary.

"Old fellows like me can't learn new tricks," he observed profoundly. "It's you youngsters with energy and vitality that have the great future before you."

Far up the road the lights of the Shevlins' country house drifted into view, and presently there was a sighing sound that crept persistently toward them—it might have been the fine plaint of violins or the rustle of the silver wheat under the moon.

They pulled up behind a handsome brougham whose passengers were disembarking at the door. A lady got out, then an elderly gentleman, then another young lady, beautiful as sin. Benjamin started; an almost chemical change seemed to dissolve and recompose the very elements of his body. A rigour passed over him, blood rose into his cheeks, his forehead, and there was a steady thumping in his ears. It was first love.

The girl was slender and frail, with hair that was ashen under the moon and honey-coloured under the sputtering gas-lamps of the porch. Over

40

her shoulders was thrown a Spanish mantilla of softest yellow, butterflied in black; her feet were glittering buttons at the hem of her bustled dress.

Roger Button leaned over to his son. "That," he said, "is young Hildegarde Moncrief, the daughter of General Moncrief."

Benjamin nodded coldly. "Pretty little thing," he said indifferently. But when the negro boy had

led the buggy away, he added: "Dad, you might introduce me to her."

They approached a group of which Miss Moncrief was the centre. Reared in the old tradition, she curtsied low before Benjamin. Yes, he might have a dance. He thanked her and walked away—staggered away.

The interval until the time for his turn should arrive dragged itself out interminably. He stood close to the wall, silent, inscrutable, watching with murderous eyes the young bloods of Baltimore as they eddied around Hildegarde Moncrief, passionate admiration in their faces. How obnoxious they seemed to Benjamin; how intolerably rosy! Their curling brown whiskers aroused in him a feeling equivalent to indigestion.

But when his own time came, and he drifted with her out upon the changing floor to the music of the latest waltz from Paris, his jealousies and anxieties melted from him like a mantle of snow. Blind with enchantment, he felt that life was just beginning.

"You and your brother got here just as we did,

didn't you?" asked Hildegarde, looking up at him with eyes that were like bright blue enamel.

Benjamin hesitated. If she took him for his father's brother, would it be best to enlighten her? He remembered his experience at Yale, so he decided against it. It would be rude to contradict a lady; it would be criminal to mar this exquisite occasion with the grotesque story of his origin. Later, perhaps. So he nodded, smiled, listened, was happy.

"I like men of your age," Hildegarde told him. "Young boys are so idiotic. They tell me how much champagne they drink at college, and how much money they lose playing cards. Men of your age know how to appreciate women."

Benjamin felt himself on the verge of a proposal—with an effort he choked back the impulse.

"You're just the romantic age," she continued—"fifty. Twenty-five is too wordly-wise; thirty is apt to be pale from overwork; forty is the age of long stories that take a whole cigar to tell; sixty is—oh, sixty is too near seventy; but fifty is the mellow

44

age. I love fifty."

Fifty seemed to Benjamin a glorious age. He longed passionately to be fifty.

"I've always said," went on Hildegarde, "that I'd rather marry a man of fifty and be taken care of than marry a man of thirty and take care of him."

For Benjamin the rest of the evening was bathed in a honey-coloured mist. Hildegarde gave him two more dances, and they discovered that they were marvellously in accord on all the questions of the day. She was to go driving with him on the following Sunday, and then they would discuss all these questions further.

Going home in the phaeton just before the crack of dawn, when the first bees were humming and the fading moon glimmered in the cool dew, Benjamin knew vaguely that his father was discussing wholesale hardware.

".... And what do you think should merit our biggest attention after hammers and nails?" the elder Button was saying.

"Love," replied Benjamin absent-mindedly.

"Lugs?" exclaimed Roger Button, "Why, I've just

covered the question of lugs."

Benjamin regarded him with dazed eyes just as the eastern sky was suddenly cracked with light, and an oriole yawned piercingly in the quickening trees...

6

When, six months later, the engagement of Miss Hildegarde Moncrief to Mr. Benjamin Button was made known (I say "made known," for General Moncrief declared he would rather fall upon his sword than announce it), the excitement in Baltimore society reached a feverish pitch. The almost forgotten story of Benjamin's birth was remembered and sent out upon the winds of scandal in picaresque and incredible forms. It was said that Benjamin was really the father of Roger Button, that he was his brother who had been in prison for forty years, that he was John Wilkes Booth in disguise—and, finally, that he had two small conical horns sprouting from his head.

The Sunday supplements of the New York papers played up the case with fascinating sketches which showed the head of Benjamin Button attached to a fish, to a snake, and, finally,

to a body of solid brass. He became known, journalistically, as the Mystery Man of Maryland. But the true story, as is usually the case, had a very small circulation.

However, everyone agreed with General Moncrief that it was "criminal" for a lovely girl who could have married any beau in Baltimore to throw herself into the arms of a man who

was assuredly fifty. In vain Mr. Roger Button published his son's birth certificate in large type in the Baltimore *Blaze*. No one believed it. You had only to look at Benjamin and see.

On the part of the two people most concerned there was no wavering. So many of the stories about her fiancé were false that Hildegarde refused stubbornly to believe even the true one. In vain General Moncrief pointed out to her the high mortality among men of fifty—or, at least, among men who looked fifty; in vain he told her of the instability of the wholesale hardware business. Hildegarde had chosen to marry for mellowness, and marry she did....

7

In one particular, at least, the friends of Hildegarde Moncrief were mistaken. The wholesale hardware business prospered amazingly. In the fifteen years between Benjamin Button's marriage in 1880 and his father's retirement in 1895, the family fortune was doubled—and this was due largely to the younger

member of the firm.

Needless to say, Baltimore eventually received the couple to its bosom. Even old General Moncrief became reconciled to his son-in-law when Benjamin gave him the money to bring out his "History of the Civil War" in twenty volumes, which had been refused by nine prominent publishers.

In Benjamin himself fifteen years had wrought many changes. It seemed to him that the blood flowed with new vigour through his veins. It began to be a pleasure to rise in the morning, to walk with an active step along the busy, sunny street, to work untiringly with his shipments of hammers and his cargoes of nails. It was in 1890 that he executed his famous business coup: he brought up the suggestion that all nails used in nailing up the boxes in which nails are shipped are the property of the shippee, a proposal which became a statute, was approved by Chief Justice Fossile, and saved Roger Button & Company, Wholesale Hardware, more than six hundred nails every year.

In addition, Benjamin discovered that he was becoming more and more attracted by the gay side of life. It was typical of his growing enthusiasm for pleasure that he was the first man in the city of Baltimore to own and run an automobile. Meeting him on the street, his contemporaries would stare enviously at the picture he made of health and vitality.

"He seems to grow younger every year," they would remark. And if old Roger Button, now sixty-five years old, had failed at first to give a proper welcome to his son he atoned at last by bestowing on him what amounted to adulation.

And here we come to an unpleasant subject which it will be well to pass over as quickly as possible. There was only one thing that worried Benjamin Button: his wife had ceased to attract him.

At that time Hildegarde was a woman of thirty-five, with a son, Roscoe, fourteen years old. In the early days of their marriage Benjamin had worshipped her. But, as the years passed, her honey-coloured hair became an unexciting brown, the blue enamel of her eyes assumed the aspect of cheap crockery—moreover, and most of all, she had become too settled in her ways, too placid, too content, too anaemic in her excitements, and too sober in her taste. As a bride it been she who had "dragged" Benjamin to dances and dinners—now conditions were reversed. She went out socially with him, but

without enthusiasm, devoured already by that eternal inertia which comes to live with each of us one day and stays with us to the end.

Benjamin's discontent waxed stronger. At the outbreak of the Spanish-American War in 1898 his home had for him so little charm that he decided to join the army. With his business influence he obtained a commission as captain, and proved so adaptable to the work that he was made a major, and finally a lieutenant-colonel just in time to participate in the celebrated charge up San Juan Hill. He was slightly wounded, and received a medal.

Benjamin had become so attached to the activity and excitement of army life that he regretted to give it up, but his business required attention, so he resigned his commission and came home. He was met at the station by a brass band and escorted to his house.

8

Hildegarde, waving a large silk flag, greeted him on the porch, and even as he kissed her he felt with a sinking of the heart that these three years had taken their toll. She was a woman of forty now, with a faint skirmish line of gray hairs in her head. The sight depressed him.

Up in his room he saw his reflection in the familiar mirror—he went closer and examined his own face with anxiety, comparing it after a moment with a photograph of himself in uniform taken just before the war.

"Good Lord!" he said aloud. The process was continuing. There was no doubt of it—he looked now like a man of thirty. Instead of being delighted, he was uneasy—he was growing younger. He had hitherto hoped that once he reached a bodily age equivalent to his age in years, the grotesque phenomenon which had marked his

birth would cease to function. He shuddered. His destiny seemed to him awful, incredible.

When he came downstairs Hildegarde was waiting for him. She appeared annoyed, and he wondered if she had at last discovered that there was something amiss. It was with an effort to relieve the tension between them that he broached the matter at dinner in what he considered a delicate way.

"Well," he remarked lightly, "everybody says I look younger than ever."

Hildegarde regarded him with scorn. She sniffed. "Do you think it's anything to boast about?"

"I'm not boasting," he asserted uncomfortably.

She sniffed again. "The idea," she said, and after a moment: "I should think you'd have enough pride to stop it."

"How can I?" he demanded.

"I'm not going to argue with you," she retorted. "But there's a right way of doing things and a wrong way. If you've made up your mind to be different from everybody else, I don't suppose I can stop you, but I really don't think it's very considerate."

"But, Hildegarde, I can't help it."

"You can too. You're simply stubborn. You think you don't want to be like any one else. You always have been that way, and you always will be. But just think how it would be if every one else looked at things as you do—what would the world be like?"

As this was an inane and unanswerable argument Benjamin made no reply, and from that

time on a chasm began to widen between them. He wondered what possible fascination she had ever exercised over him.

To add to the breach, he found, as the new century gathered headway, that his thirst for gaiety grew stronger. Never a party of any kind in the city of Baltimore but he was there, dancing with the prettiest of the young married women, chatting with the most popular of the débutantes, and finding their company charming, while his wife, a dowager of evil omen, sat among the chaperons, now in haughty disapproval, and now following him with solemn, puzzled, and reproachful eyes.

"Look!" people would remark. "What a pity! A young fellow that age tied to a woman of forty-five. He must be twenty years younger than his wife." They had forgotten—as people inevitably forget—that back in 1880 their mammas and papas had also remarked about this same ill-matched pair.

Benjamin's growing unhappiness at home was compensated for by his many new interests. He took up golf and made a great success of it. He

went in for dancing: in 1906 he was an expert at "The Boston," and in 1908 he was considered proficient at the "Maxixe," while in 1909 his "Castle Walk" was the envy of every young man in town.

His social activities, of course, interfered to some extent with his business, but then he had worked hard at wholesale hardware for twenty-

five years and felt that he could soon hand it on to his son, Roscoe, who had recently graduated from Harvard.

He and his son were, in fact, often mistaken for each other. This pleased Benjamin—he soon forgot the insidious fear which had come over him on his return from the Spanish-American War, and grew to take a naïve pleasure in his appearance. There was only one fly in the delicious ointment—he hated to appear in public with his wife. Hildegarde was almost fifty, and the sight of her made him feel absurd....

9

One September day in 1910—a few years after Roger Button & Co., Wholesale Hardware, had been handed over to young Roscoe Button—a man, apparently about twenty years old, entered himself as a freshman at Harvard University in Cambridge. He did not make the mistake of announcing that he would never see fifty again, nor did he mention the fact that his son had been graduated from the same institution ten years before.

He was admitted, and almost immediately attained a prominent position in the class, partly because he seemed a little older than the other freshmen, whose average age was about eighteen.

But his success was largely due to the fact that in the football game with Yale he played so brilliantly, with so much dash and with such a cold, remorseless anger that he scored seven

touchdowns and fourteen field goals for Harvard, and caused one entire eleven of Yale men to be carried singly from the field, unconscious. He was the most celebrated man in college.

Strange to say, in his third or junior year he was scarcely able to "make" the team. The coaches said that he had lost weight, and it seemed to the more observant among them that he was not quite as tall as before. He made no touchdowns—indeed, he was retained on the team chiefly in hope that his enormous reputation would bring terror and disorganisation to the Yale team.

In his senior year he did not make the team at all. He had grown so slight and frail that one day he was taken by some sophomores for a freshman, an incident which humiliated him terribly. He became known as something of a prodigy—a senior who was surely no more than sixteen—and he was often shocked at the worldliness of some of his classmates. His studies seemed harder to him—he felt that they were too advanced. He had heard his classmates speak of St. Midas', the famous preparatory school, at which so many of

them had prepared for college, and he determined after his graduation to enter himself at St. Midas', where the sheltered life among boys his own size would be more congenial to him.

Upon his graduation in 1914 he went home to

Baltimore with his Harvard diploma in his pocket. Hildegarde was now residing in Italy, so Benjamin went to live with his son, Roscoe. But though he was welcomed in a general way, there was obviously no heartiness in Roscoe's feeling toward

him—there was even perceptible a tendency on his son's part to think that Benjamin, as he moped about the house in adolescent mooniness, was somewhat in the way. Roscoe was married now and prominent in Baltimore life, and he wanted no scandal to creep out in connection with his family.

Benjamin, no longer persona grata with the débutantes and younger college set, found himself left much alone, except for the companionship of three or four fifteen-year-old boys in the neighbourhood. His idea of going to St. Midas' School recurred to him.

"Say," he said to Roscoe one day, "I've told you over and over that I want to go to prep school."

"Well, go, then," replied Roscoe shortly. The matter was distasteful to him, and he wished to avoid a discussion.

"I can't go alone," said Benjamin helplessly. "You'll have to enter me and take me up there."

"I haven't got time," declared Roscoe abruptly. His eyes narrowed and he looked uneasily at his father. "As a matter of fact," he added, "you'd

better not go on with this business much longer. You better pull up short. You better—you better"— he paused and his face crimsoned as he sought for words—"you better turn right around and start back the other way. This has gone too far to be a joke. It isn't funny any longer. You—you behave yourself!"

Benjamin looked at him, on the verge of tears.

"And another thing," continued Roscoe, "when visitors are in the house I want you to call me 'Uncle'—not 'Roscoe,' but 'Uncle,' do you understand? It looks absurd for a boy of fifteen to call me by my first name. Perhaps you'd better call me 'Uncle' all the time, so you'll get used to it."

With a harsh look at his father, Roscoe turned away....

10

At the termination of this interview, Benjamin wandered dismally upstairs and stared at himself in the mirror. He had not shaved for three months, but he could find nothing on his face but a faint white down with which it seemed unnecessary to meddle. When he had first come home from Harvard, Roscoe had approached him with the proposition that he should wear eye-glasses and imitation whiskers glued to his cheeks, and it had seemed for a moment that the farce of his early years was to be repeated. But whiskers had itched and made him ashamed. He wept and Roscoe had reluctantly relented.

Benjamin opened a book of boys' stories, "The Boy Scouts in Bimini Bay," and began to read. But he found himself thinking persistently about the war. America had joined the Allied cause during the preceding month, and Benjamin wanted to

enlist, but, alas, sixteen was the minimum age, and he did not look that old. His true age, which was fifty-seven, would have disqualified him, anyway.

There was a knock at his door, and the butler appeared with a letter bearing a large official legend in the corner and addressed to Mr. Benjamin Button. Benjamin tore it open eagerly, and read the enclosure with delight. It informed him that many reserve officers who had served in the Spanish-American War were being called back into service with a higher rank, and it enclosed his commission as brigadier-general in the United States army with orders to report immediately.

Benjamin jumped to his feet fairly quivering with enthusiasm. This was what he had wanted. He seized his cap, and ten minutes later he had entered a large tailoring establishment on Charles Street, and asked in his uncertain treble to be measured for a uniform.

"Want to play soldier, sonny?" demanded a clerk casually.

Benjamin flushed. "Say! Never mind what I want!" he retorted angrily. "My name's Button and I live on Mt. Vernon Place, so you know I'm good for it."

"Well," admitted the clerk hesitantly, "if you're not, I guess your daddy is, all right."

Benjamin was measured, and a week later his uniform was completed. He had difficulty in obtaining the proper general's insignia because the dealer kept insisting to Benjamin that a nice Y.W.C.A. badge would look just as well and be much more fun to play with.

Saying nothing to Roscoe, he left the house one night and proceeded by train to Camp Mosby, in South Carolina, where he was to command

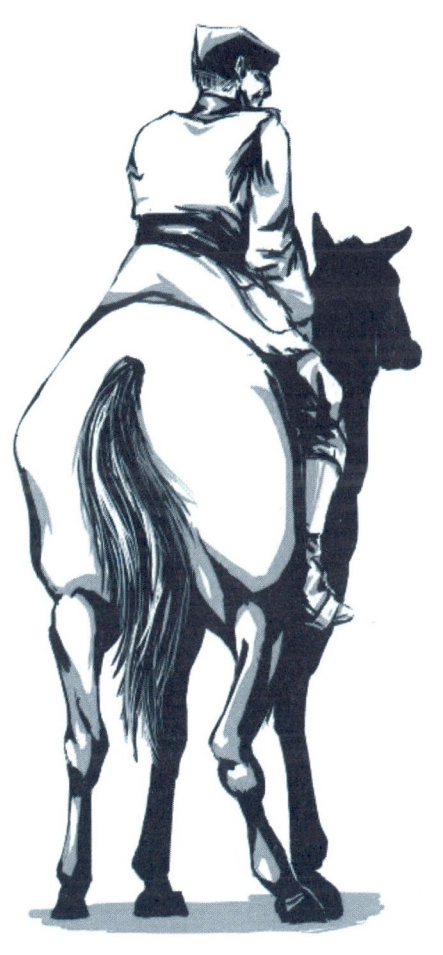

an infantry brigade. On a sultry April day he approached the entrance to the camp, paid off the taxicab which had brought him from the station, and turned to the sentry on guard.

"Get someone to handle my luggage!" he said briskly.

The sentry eyed him reproachfully. "Say," he remarked, "where you goin' with the general's duds, sonny?"

Benjamin, veteran of the Spanish-American War, whirled upon him with fire in his eye, but with, alas, a changing treble voice.

"Come to attention!" he tried to thunder; he paused for breath—then suddenly he saw the sentry snap his heels together and bring his rifle to the present. Benjamin concealed a smile of gratification, but when he glanced around his smile faded. It was not he who had inspired obedience, but an imposing artillery colonel who was approaching on horseback.

"Colonel!" called Benjamin shrilly.

The colonel came up, drew rein, and looked coolly down at him with a twinkle in his eyes.

"Whose little boy are you?" he demanded kindly.

"I'll soon darn well show you whose little boy I am!" retorted Benjamin in a ferocious voice. "Get down off that horse!"

The colonel roared with laughter.

"You want him, eh, general?"

"Here!" cried Benjamin desperately. "Read this." And he thrust his commission toward the colonel.

The colonel read it, his eyes popping from their sockets.

"Where'd you get this?" he demanded, slipping the document into his own pocket.

"I got it from the Government, as you'll soon find out!"

"You come along with me," said the colonel with a peculiar look. "We'll go up to headquarters and talk this over. Come along."

The colonel turned and began walking his horse in the direction of headquarters. There was nothing for Benjamin to do but follow with as much dignity as possible—meanwhile promising himself a stern revenge.

But this revenge did not materialize. Two days later, however, his son Roscoe materialized from Baltimore, hot and cross from a hasty trip, and escorted the weeping general, sans uniform, back to his home.

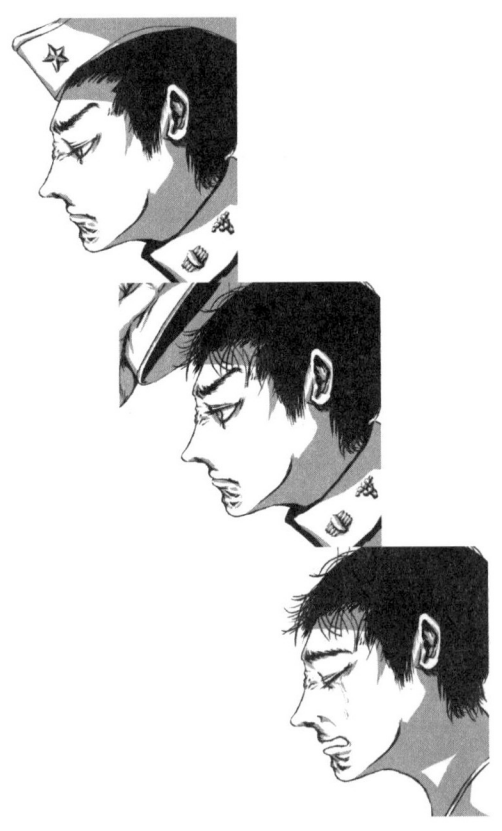

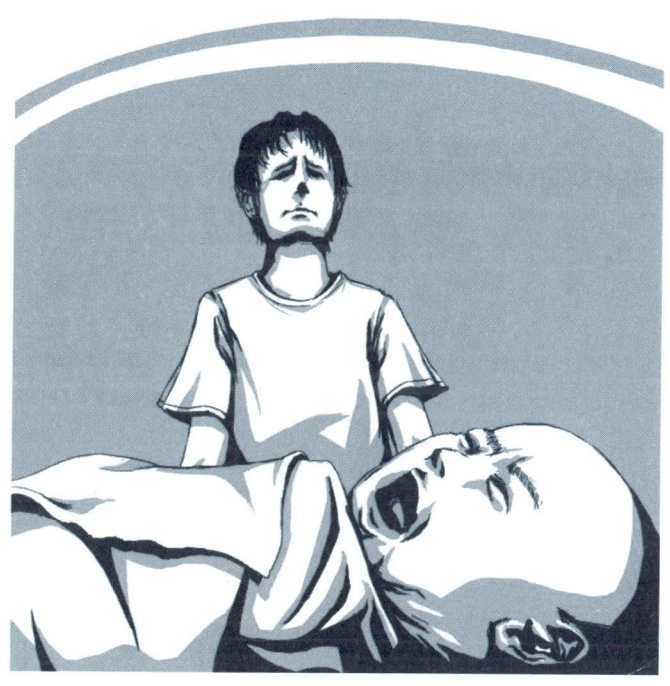

II

In 1920 Roscoe Button's first child was born. During the attendant festivities, however, no one thought it "the thing" to mention, that the little grubby boy, apparently about ten years of age

who played around the house with lead soldiers and a miniature circus, was the new baby's own grandfather.

No one disliked the little boy whose fresh, cheerful face was crossed with just a hint of sadness, but to Roscoe Button his presence was a source of torment. In the idiom of his generation Roscoe did not consider the matter "efficient." It seemed to him that his father, in refusing to look sixty, had not behaved like a "red-blooded he-man"—this was Roscoe's favourite expression—but in a curious and perverse manner. Indeed, to think about the matter for as much as a half an hour drove him to the edge of insanity. Roscoe believed that "live wires" should keep young, but carrying it out on such a scale was—was—was inefficient. And there Roscoe rested.

Five years later Roscoe's little boy had grown old enough to play childish games with little Benjamin under the supervision of the same nurse. Roscoe took them both to kindergarten on the same day, and Benjamin found that playing with little strips of coloured paper, making mats

and chains and curious and beautiful designs, was the most fascinating game in the world. Once he was bad and had to stand in the corner—then he cried—but for the most part there were gay hours in the cheerful room, with the sunlight coming in the windows and Miss Bailey's kind hand resting for a moment now and then in his tousled hair.

Roscoe's son moved up into the first grade

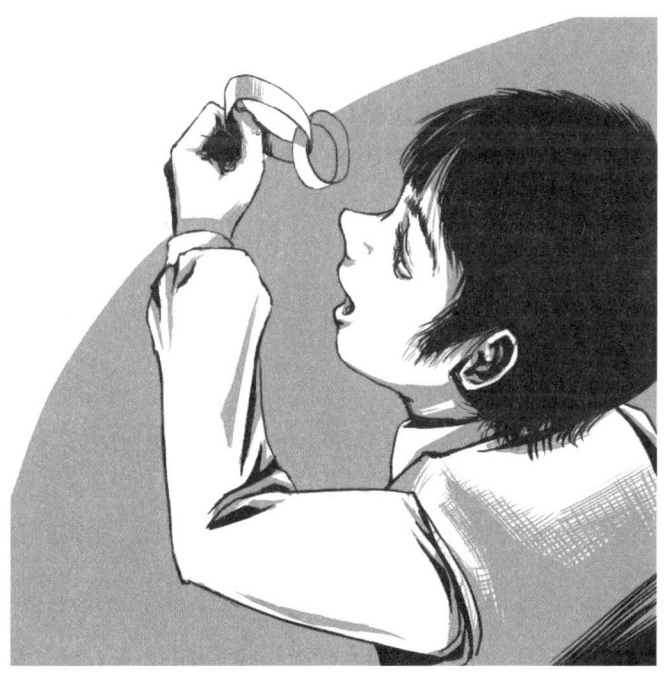

after a year, but Benjamin stayed on in the kindergarten. He was very happy. Sometimes when other tots talked about what they would do when they grew up a shadow would cross his little face as if in a dim, childish way he realized that those were things in which he was never to share.

The days flowed on in monotonous content. He went back a third year to the kindergarten, but he was too little now to understand what the bright shining strips of paper were for. He cried because the other boys were bigger than he, and he was afraid of them. The teacher talked to him, but though he tried to understand he could not understand at all.

He was taken from the kindergarten. His nurse, Nana, in her starched gingham dress, became the centre of his tiny world. On bright days they walked in the park; Nana would point at a great gray monster and say "elephant," and Benjamin would say it after her, and when he was being undressed for bed that night he would say it over and over aloud to her: "Elyphant, elyphant, elyphant." Sometimes Nana let him jump on

the bed, which was fun, because if you sat down exactly right it would bounce you up on your feet again, and if you said "Ah" for a long time while you jumped you got a very pleasing broken vocal effect.

He loved to take a big cane from the hat-rack and go around hitting chairs and tables with it and saying: "Fight, fight, fight." When there were people there the old ladies would cluck at him, which interested him, and the young ladies would try to kiss him, which he submitted to with mild boredom. And when the long day was done at five o'clock he would go upstairs with Nana and be fed oatmeal and nice soft mushy foods with a spoon.

There were no troublesome memories in his childish sleep; no token came to him of his brave days at college, of the glittering years when he flustered the hearts of many girls. There were only the white, safe walls of his crib and Nana and a man who came to see him sometimes, and a great big orange ball that Nana pointed at just before his twilight bed hour and called "sun." When the sun went his eyes were sleepy—there were no

dreams, no dreams to haunt him.

The past—the wild charge at the head of his men up San Juan Hill; the first years of his marriage when he worked late into the summer dusk down in the busy city for young Hildegarde whom he loved; the days before that when he sat smoking far into the night in the gloomy old Button house on Monroe Street with his grandfather—all these had faded like unsubstantial dreams from his mind as though they had never been.

He did not remember. He did not remember clearly whether the milk was warm or cool at his last feeding or how the days passed—there was only his crib and Nana's familiar presence. And then he remembered nothing. When he was hungry he cried—that was all. Through the noons and nights he breathed and over him there were soft mumblings and murmurings that he scarcely heard, and faintly differentiated smells, and light and darkness.

Then it was all dark, and his white crib and the dim faces that moved above him, and the warm

sweet aroma of the milk, faded out altogether from his mind.

The End

Turn the book over to read the korean version.